KNAUR

Von Patrick Salmen sind bereits folgende Titel erschienen:
Ich habe eine Axt – Urlaub in den Misantropen
Die Letzten werden die Ersten sein. Es sei denn, sie sind zu langsam
Genauer betrachtet sind Menschen auch nur Leute
Treffen sich zwei Träume. Beide platzen
Ekstase. Ist doch auch mal ganz schön

Über den Autor:
Patrick Salmen wurde 1985 in Wuppertal geboren und lebt mit seiner Frau und zwei Kindern im Ruhrgebiet. Nach seinem Geschichts- und Germanistikstudium gewann er 2010 die deutschsprachigen Poetry-Slam-Meisterschaften in Bochum und arbeitet seitdem als freiberuflicher Schriftsteller, Sprecher und Bühnenkünstler. Neben klassischen Bühnentexten hat er bereits zahlreiche Lyrik- und Kinderbücher geschrieben. Bei Knaur veröffentlichte Patrick Salmen zudem mehrere Werke mit satirischen Kurzgeschichten. Seit vielen Jahren ist er mit seinen Bühnenprogrammen im gesamten deutschsprachigen Raum unterwegs.

PATRICK SALMEN

IM REGENBOGEN DER GUTEN LAUNE BIN ICH DAS BEIGE

KNAUR

Besuchen Sie uns im Internet:
www.knaur.de

MIX
Papier | Fördert gute Waldnutzung
FSC® C014496

Originalausgabe Februar 2022
Knaur Taschenbuch

Ein Imprint der Verlagsgruppe
Droemer Knaur GmbH & Co. KG
Landsberger Straße 346, 80687 München

Redaktion: Anita Hirtreiter
Covergestaltung: Annette Dascher
Coverabbildung: Fabian Stürtz
Satz: Sandra Hacke
Druck und Bindung: GGP Media GmbH, Pößneck
ISBN 978-3-426-52858-7

Kontaktadresse nach EU-Produktsicherheitsverordnung:
produktsicherheit@droemer-knaur.de

4 5 3

INHALT

»Es sind die Begegnungen mit Menschen,
die das Leben lebenswert machen.«
Guy de Maupassant

»Es sind die Begegnungen mit Wandtattoo-Zitaten,
die das Leben so qualvoll machen.«
Ich

»Live, Love, Laugh«
geschwätzige Fußmatte vor einer
willkürlichen Doppelhaushälfte

VORWORT

Ilsebill salzte nach. Diese Zeilen von Günter Grass haben mit diesem Buch im Grunde nichts zu tun, wurden aber einst zum schönsten ersten Satz der deutschen Literaturgeschichte gekürt. Der Satz stammt aus dem Buch *Der Butt.* Hätte es durchaus amüsant gefunden, wenn Herr Grass damals gleichzeitig den Preis für den schönsten ersten Satz und für den langweiligsten Buchtitel aller Zeiten erhalten hätte. Ich würde so einen Titel im Buchhandel jedenfalls ignorieren, wenn ich nicht ganz gezielt nach Sachlektüre über Plattfischzucht suchen würde.

Bei mir hätte dieser Titel eh keinen Sinn ergeben, denn ein Butt kommt in diesem Buch nicht vor. Das tut mir leid! Fische sind einfach nicht mein Metier. Habe kurz überlegt, einen geschwätzigen Dorsch in die Handlung zu integrieren, aber die meisten Geschichten spielen nicht mal ansatzweise in der Küstengegend. Falls Sie als Leser eher der maritime Typ sind, muss ich Sie leider enttäuschen.

Auch eine gewisse Ilsebill kommt in diesem Buch nicht vor. Ich kenne zwar eine Sybille, und die hat bestimmt schon mal was nachgesalzen, doch als besonders aufregend habe ich diesen Vorgang nicht empfunden. Allerdings habe ich Sybille in einem anderen Kontext im Buch untergebracht und sie auf einer der folgenden Seiten versteckt. Viel Freude bei der Suche! Betrachten Sie die Lektüre gern als diffuses Wimmelbild.

Ich habe ebenfalls lange über einen schönen ersten Satz nachgedacht, schließlich ist so ein erster Eindruck durchaus prägend. Aber dann habe ich mir gesagt, dass ein Bezug zu Günter Grass auch nicht verkehrt wäre, denn dann würden die Leser denken: Oh, seht an! Der feine Herr Autor hat schon mal ein Buch gelesen. Welch intellektueller Feingeist! Ich bin erquickt.

Einstiege sind jedenfalls enorm schwierig. Ich habe mich entschieden, dem Buch ein Zitat von Guy de Maupassant voranzustellen. Möglich wäre auch ein Auszug aus dem Wuppertaler Telefonbuch gewesen, doch das hätte die Stimmung hier nicht zum Überkippen gebracht. Eine 50-seitige Leseprobe aus der Wanderhuren-Trilogie wäre ebenfalls denkbar gewesen. Rechtliche Schwierigkeiten hätte es nicht gegeben. Iny Lorentz und ich sind immerhin beim selben Verlag, aber es wäre durchaus seltsam, wenn sich im Vorfeld Spannung aufbauen würde und es plötzlich hieße: »Kuckuck, ihr Räuber. Jetzt kommen lustige Kurzgeschichten.«

An dieser Stelle möchte ich Sie jedenfalls ganz aufrichtig zu Ihrem neuen Buch beglückwünschen. Als Autor dieses bescheidenen Meisterwerks ist mir die persönliche Begrüßung ein wichtiges Anliegen, denn ich bin ein bodenständiger Typ, und Sie scheinen ein großartiger Mensch zu sein. Zumindest vereint uns ein entzückender und lebensbejahender Literaturgeschmack. Vielleicht hat man Ihnen dieses Buch auch ungefragt geschenkt, und Sie dachten: Puh! Meins ist das nicht. Allein schon der Titel! Viel zu lang und bemüht. Da lob ich mir Günter Grass und seinen Mut zur Reduktion. Warum kann man so ein Buch nicht einfach *Jens* nennen?

Womöglich möchten Sie sich trotzdem auf die Lektüre einlassen. Allzu gern würde ich ein wenig kokettieren und mich mit Bescheidenheit rühmen, am Ende bleibt allerdings das Fazit: Dieses Buch ist sehr gut. Vielleicht keine Hochkultur, vielleicht kein Jahrhundertroman, aber, um meine Mutter zu zitieren, »durchaus gewitzt und frech«. Ich möchte nicht gar von *köstlicher Schmunzelliteratur* sprechen. Ohnehin sind meine humoristischen Bücher vermutlich nichts, womit man die zeitgenössische Literaturkritik zu ausschweifenden Lobhudeleien anreizen könnte. Selten veröffentlicht ein Autor ein Buch mit anekdotischen Alltagsbeobachtungen, und im Zitat auf dem Klappentext heißt es dann: »Patrick Salmen – ein brillanter Erzähler und Beobachter. Dieser Seismograf der Zwischentöne verwebt schillernde Sequenzen menschlichen Daseins zu einem identifikationsstiftenden Narrativ und zeichnet mit zartem Pinsel ein sprachliches Aquarell, das sich als glanzvoller kolorierter Bruch in der so monochromen Galerie namens Literaturkanon erweist. Hinter einem Günter Grass braucht er sich nicht zu verstecken.« Nein, so was steht da nicht. Meistens steht da: »Yeah, voll witzig!«

Ehrlich gesagt bin ich froh, dass die Kritik sich mit meinem Werk nicht beschäftigt, denn wenn ich eins nicht bin, dann kritikfähig. Es gibt Sätze, die klingen zwar unfassbar schön und reflektiert, sind aber jedes Mal gelogen. Zum Beispiel: Für konstruktive Kritik bin ich immer dankbar. Das ist natürlich Unfug. Ein Verriss meines grenzgenialen Œuvres würde genügen, um mich in ein Loch von Selbstzweifeln zu stürzen, zudem würde ich dann ständig bei irgendwelchen Journalisten anrufen und ausschweifend ihre Verwandtschaft beleidigen.

Ständig hieße es: »Kurze Rückmeldung zu Ihrer Buchkritik: Deine Mutter ist trivial!« Vermutlich würde das unschön enden. Wenn Ihnen dieses Buch also nicht gefallen sollte, wäre ich Ihnen dankbar, wenn Sie es einfach für sich behalten. Ich bin da nur ehrlich! Sollten Sie wiederum denken: Oh mein Gott! Dieses Buch hat mein Leben verändert. Patrick Salmen ist der beste Autor der Welt! – dann melden Sie sich bitte umgehend. Danke!

Kritik gibt es ohnehin zu Hause genug. Meine Frau findet meinen Humor äußerst fragwürdig. Ihre Komplimente variieren von »Hauptsache, dir gefällt's!« bis »So schlimm wie sonst ist es nicht!«. Längst habe ich aufgegeben, sie zu einer Lesung mitzunehmen. Vermutlich würde sie gelangweilt im Publikum sitzen und Sudokus lösen. Aber gut, ich besuche sie auch nicht ständig im Büro. Ohnehin eine lustige Vorstellung, dass Sie, lieber Leser, just in diesem Moment streng genommen nichts anderes tun, als mich bei der Arbeit zu besuchen. Noch ahnen Sie nichts, aber schon morgen könnte ich bei Ihnen im Büro aufkreuzen und Ihnen beim Tackern zusehen. Vielleicht könnten wir zusammen was faxen oder eine Excel-Tabelle ausfüllen. Allein der Gedanke macht mich glücklich.

Bevor ich mich hier noch mehr in Abschweifungen verliere, wünsche ich Ihnen viel Freude beim Lesen. In diesem Buch finden Sie Kurzgeschichten und skurrile Dialoge. Betrachten Sie die Lektüre doch weniger als Arbeitseinblick, sondern vielmehr als eine Art Blind Date. Vielleicht haben wir uns bei Tinder kennengelernt oder sind durch gemeinsame Bekannte zusammengeführt worden, und nun sitzen wir erstmals in einem belebten Café und lernen uns persönlich kennen. Bereits im Vorfeld möchte ich mich für die etwas einseitige und unausgewogene Gesprächsbeteiligung entschuldigen. Alles ein einziger Monolog! Ich stelle im Verlauf der nächsten Stunden keinerlei Rückfragen und wirke bestimmt furchtbar desinteressiert an Ihrer Person. Das tut mir leid. Bitte stellen Sie sich vor, dass ich Ihnen bei unserer Begegnung tief in die Augen schaue, ab und zu nicke und Dinge murmle wie »Ach, ein herrliches Wetter!« oder »Und du so?«. Dann können Sie das Buch gern kurz zur Seite legen und ein wenig von sich erzählen. Ach, wir haben sicher viel gemeinsam!

WEBERKNECHT IM WEISSWEINSCHÖRLCHEN

Volker pfefferte nach. Aber blicken wir erst einmal gemeinsam zurück und schauen, wie es dazu kam. Zwei Wochen vorher vibriert mein Smartphone. Per Gruppenchat erreicht mich die Einladung zu Volkers alljährlicher Geburtstagsparty, auf der Datum, Uhrzeit und ein für Volker typisches frech gereimtes Verslein zu lesen sind: *Bald ist wieder Burzeltag, weshalb ich gern was brutzeln mag. Schweinenacken, Steak und Wurst. Und schön Bierchen für den Durst. Im Vollsuff dann 'ne Runde Polka. San Frantschüssko, euer Volker.* Puh, denke ich, Goethe würde Bauklötze staunen. Die Worte »Burzeltag« und »San Frantschüssko« in nur einer Nachricht. Selbst für Volker ein neuer Tiefpunkt. Kleingeschrieben am Rand ein weiterer Hinweis: *Weiber und Salat bitte zu Hause lassen. Ironiemodus off.* Sapperlot, denke ich, ein bunter in bloß sechs Zeilen gebundener Blumenstrauß aus künstlich-überspieltem Männlichkeitsgehabe, lyrischem Dilettantismus und fragwürdigem Humor. Frage mich, ob Menschen, die ihre kessen Scherze in geschriebener Sprache ständig mit *Achtung, Satire* oder *Ironiemodus off* ergänzen, in realen Gesprächen auch ständig Dinge wie »So horchet sorgsam, jetzt wird's burlesk!« oder »Obacht, Uwe! Es folgt ein Ulk!« sagen. Allein der Gedanke verstört mich. Volker ist von jeher ein seltsamer Kauz, aber nun scheint er endgültig verloren.

Eine Woche später ist es so weit. Es regnet, und wir stehen mit etwa zwanzig Männern in Volkers viel zu kleiner Garage. »Hier können Kerle mal wieder Kerle sein«, sagte er bei der damaligen Einweihung seines heiligen Refugiums und ergänzte: »Ist ja als Mann alles nicht so leicht heutzutage. Manchmal muss ich sogar auf die Kinder aufpassen.« Volkers subtile Kritik am modernen Feminismus erscheint mir plausibel. Wenn Frauen nach immerwährenden patriarchalischen Strukturen plötzlich so etwas Abstraktes wie Gleichberechtigung einfordern, fühlt man sich natürlich in seinem Rollenbild verunsichert. Wenn man da keine kultige Hobbygarage hat, wird's eng im Gemütsstübchen. Ich sehe mich um. *Weiber zu Hause lassen* scheint man jedenfalls wörtlich genommen zu haben. Von Salat fehlt auch jede Spur. Das einzig Grüne hier sind zwei verkümmerte Erbsen in Kerstins *berühmt-berüchtigtem Nudelsalat*, dessen Rezept anscheinend vorsieht, dass man ein Glas Dosenmandarinen, völlig durchgeweichte Nudeln und Unmengen an Wurstwürfeln in einen 10-kg-Mayonnaiseeimer versenkt. Würde hier eher von Tunke als von Salat sprechen, aber ich bin auch nicht Jamie Oliver. Volker erhebt die Stimme: »So, Männer! Gleich schön brutzeln, wa? Ich mache schon mal die Kohlen heiß!« Er scheint sein erstes Geschenk bereits ausgepackt zu haben und trägt eine alberne Spruchschürze mit den Worten: *Grillmeister Volker. Der Mann, der Mythos, die Legende.* Denke hier zum ersten Mal über den Einsatz von Zyankali nach.

»Prost, Keule«, sagt irgendein Typ und hält mir eine Flasche Bier hin. »Erst mal 'ne Pilsette wegzischen.« »Nein, danke«, sage ich. »Ich habe schon Zähne geputzt.« »Wat?« »Kleiner Scherz.« Ich greife zur Flasche und nehme missmutig einen großen Schluck. Zwar mag ich kein Bier, aber ich möchte nicht unangenehm auffallen. Seit ich letztes Jahr in der Dorfkneipe mal nach einem trockenen Weißwein gefragt habe, nennen sie mich in Volkers Bekanntenkreis ohnehin nur noch *Patrice Salmôn, der edle Franzose*. »Ich hoffe, das Bouquet ist dem Herrn genehm«, witzelte der Wirt damals und reichte mir einen Riesling in einem verstaubten Mineralwasserglas. »Danke«, sagte ich. »Mosel?« »Nee Lidl!« Ach, es war alles nicht so leicht.

Volker steht nun stolz vor der versammelten Truppe, hält mit beiden Händen seine Grillzangen in die Luft und schnappt damit wild umher. Irgendwie sieht er aus wie eine Mischung aus Mr. Krabs und einem sehr rustikalen Geburtshelfer. »Also, ich habe uns mal 'ne ordentliche Auswahl besorgt. 1-a-Qualität. Ist vom Metzger meines Vertrauens. Esse ja eigentlich nicht mehr so viel Fleisch, aber wenn, dann halt richtig gutes.« Wow, denke ich, meine absolute Lieblingsfloskel hat es von der konsumkritischen Altbau-Studenten-WG bis in Volkers Neubausiedlung geschafft. *Ich esse weniger Fleisch, und wenn, dann nur gutes* klingt immer ein bisschen nach: *Ich schlage keine Frauen, wenn, dann nur hübsche* oder *Kinderarbeit ist okay, wenn es regionale Kinder sind*. Ich bin selber kein Veganer, doch ich wundere mich schon, dass plötzlich jeder Mensch in meinem Umfeld einen vielzitierten »Metzger des Vertrauens« hat. Man begegnet bereits guten Bekannten mit grundsätzlicher Skepsis, wenn ich also jemandem mit Vertrauen begegne, dann bestimmt keinem willkürlichen Wurstverkäufer. Woher soll dieses Vertrauen denn kommen? Wie läuft das ab? »Tach, Jürgen. Ich hätte gern 400 Gramm Aufschnitt. Und kann ich dir ein Geheimnis verraten? Behalt es für dich, aber manchmal wäre ich gern ein devoter Sklave und möchte auf einer Hundedecke leben. Fühlt sich gut an, darüber zu sprechen. Von der Bärchenwurst nehme ich auch noch drei Scheibchen. Bis die Tage.« Schön, wenn man Freunde hat!

Volker verzieht sich jetzt endgültig nach draußen an den Grill und lässt mich mit all diesen fremden Gestalten alleine. Vielleicht erkenne ich zumindest ein paar vertraute Gesichter und finde Anschluss. Ich zünde mir eine Zigarette an und sehe mich in der Garage um. An der Wand hängen neben einem Erotikkalender drei Blechschilder mit den jeweiligen Aufschriften: *Echte Männer fahren Traktor*, *Echte Männer fahren Bagger* und *Echte Männer fahren Lkw*. Na, was denn nun, denke ich. Hätte man doch prima auf *Echte Männer mögen klobige Verkehrsmittel* runterbrechen können. *Echte Männer fahren Lkw* ergibt nicht mal ansatzweise Sinn. Wenn jemand Lkw fahren sollte, dann im besten Falle ausgebildete Fernfahrer und Fernfahrerinnen mit Führerscheinklasse C. Und selbst diese nur, wenn sie bei einer Spedition arbeiten, Lohn erhalten und aus gegebenem Anlass sperriges Gelumpe transportieren müssen. Niemand sonst muss Lkw fahren. Wobei es eine skurrile Vorstellung wäre, dass liberale Kleinfamilienväter mit Minderwertigkeitskomplexen als Trotzreaktion auf die allgemeine SUV-Kritik ihre Kinder fortan mit dem Lastwagen zur Kita kutschieren. »Jetzt erst recht«, würden sie sagen und jeden Morgen umständlich aus der hauseigenen Kiesausfahrt rangieren. Fest steht: Echte Männer scheinen jedenfalls ziemliche Komplexe zu haben, solange sie per Blechschild täglich daran erinnert werden müssen, echte Männer zu sein.

Auf einmal steht Kerstin im Türrahmen. »Hey guys, how are you?« Ich weiß nicht, warum sie englisch spricht, vermute aber, es liegt daran, dass sie gestern aus dem Karibikurlaub wiedergekommen ist. Kerstin gehört zu der Sorte Touristin, die sich im jeweiligen Urlaubsland immer eine Spur zu schnell assimiliert und ihre Rolle als aufgeschlossene Globetrotterin ein wenig zu ernst nimmt. Nun steht sie da, lässig am Türrahmen angelehnt, und wirkt sonderbar deplatziert. Sie trägt Muschelarmbänder, Henna-Tattoos, eine Kette mit falschen Haizähnen und, als wäre das nicht schlimm genug, zu Cornrows frisierte Rastazöpfe. Irgendwie amüsiert mich die Vorstellung, dass Dutzende jamaikanische Frauen nach ihrem Jahresurlaub in Wuppertal mit kessen Kerstin-Kurzhaarschnitten in ihre Heimat zurückkommen. Stichwort freche Strähnchen. »Hey, Kerstin. Schön, dich zu sehen. Willst du was trinken?« »Well … You know … Yes! Can I have a glass of water?« Anscheinend hatte sie einen Schlaganfall, denke ich. Sie klingt wie eine Mischung aus Kate Nash, einem zugedröhnten Reggaetonsänger und Liverpooler Hafenarbeiter. Ich reiche ihr ein Glas Wasser und ergreife die Flucht, sofern man im Radius einer zwanzig Quadratmeter großen Garage von Flucht reden kann.

Wenige Sekunden später habe ich mich von einigen Herren aus Versehen in ein Gespräch verwickeln lassen. Angeregt diskutiert man über die Verweichlichung von modernen Fußballspielern und über die Sehnsucht nach echten Typen wie Stefan Effenberg und Mario Basler. Irgendwann fällt der Satz: »Man darf ja heutzutage überhaupt nichts mehr sagen!« Was lustig ist, denn Menschen, die diesen Satz benutzen, sagen oft ganz schön viele Dinge. Alles hier ist eine einzige Parodie. So ähnlich habe ich mir die Hölle vorgestellt: Satan begrüßt mich mit einem etwas zu festen Handschlag, und plötzlich sitze ich mit irgendwelchen *Bros* in einer Hobbygarage, mache eine Craftbeer-Verkostung und irgendein Günther mit Schraubergott-T-Shirt schimpft über seine prüde Ehefrau, die er in vertrauten Kreisen stets *die Regierung* nennt. Früher oder später sagen wir dann Sätze wie »Gemüse kommt mir nicht auf meinen Weber-Grill«. Am Ende hören wir das neue Album von Kontra K, »Glaub an dich, denn du bist ein Wolf«, reparieren irgendwelche Dinge mit Zwölfkant-Maulschlüsseln und erschießen uns einfach. Ehrlich gesagt weiß ich noch nicht mal, ob es einen Zwölfkant-Maulschlüssel gibt. Ich habe keine Ahnung von Werkzeug. Alles, was ich in einer Werkstatt zur Reparatur irgendwelcher Dinge beitragen könnte, wäre Schnittchen schmieren und kritisch gucken. Manchmal würde ich Dinge rufen wie: »Uwe, bring mir mal 'ne 16er-Fräsenschlunze mit Stanzventil. Ich habe hier 'ne Querkeilverfugung im Hydraulikgebälk und muss die Senkachse rundlöten.« Wahrscheinlich würde es keinem auffallen. Und wenn doch, würde ich einfach selbstbewusst rülpsen.

Aber was soll ich sagen? Volker hat den Spaß seines Lebens, und eigentlich ist es ein schöner Abend. Mein Zynismus geht mir manchmal selber auf den Keks. Diese ewige Haltung des kritischen Beobachters wird es niemals zulassen, dass ich hier Anschluss finde. Volker mag eigentümlich sein, aber seine bemüht-unverkrampfte Art ist auch schon wieder nahezu drollig. Er ist ein guter Typ, und seine Freunde sind wie er vollkommen in Ordnung. Sie sind weder Faschisten noch homophobe oder misogyne Arschlöcher. Sie heißen Volker, Leander oder Emre, bloß an Abenden wie diesen nennen sie sich *Atze, Brudi und Keule*, weil sie glauben, es sei eine Art Code, der ihnen Zutritt gewährt und ihnen Anerkennung ermöglicht. Sie spielen eine Rolle, von der sie glauben, dass jemand sie von ihnen erwarten würde. Doch eigentlich tut das niemand. Sie simulieren nur, was sie als Kinder und Jugendliche auf den Festen ihrer Väter gesehen haben. Sie nutzen Phrasen, schimpfen über Salat und alkoholfreies Bier, weil Männer im Fernsehen über Salat und alkoholfreies Bier schimpfen. Die meisten hier verkörpern etwas, was ihnen gar nicht mal so behagt. Und wahrscheinlich denkt jeder von ihnen just in diesem Moment dasselbe über die anderen. Am nächsten Morgen werden sie verkatert aufwachen und froh sein, dass sie wieder sie selbst sein können. Vielleicht gehen sie brunchen, trinken ein Weißweinschörlchen und essen heimlich Rucola. Solange sie Volkers alberne Grillschürze und jeden verdammten Faschisten dieser Welt dann immer noch verachten, ist doch alles in Ordnung. Das hier wird nie meine Welt sein, aber am Ende sind diese Jungs wahrscheinlich wesentlich aufgeschlossener, als ich es jemals sein werde.

»Das hast du schön gesagt, Patrick.« Volker und die Jungs stehen gebannt vor mir und wirken sentimental ergriffen. Anscheinend habe ich meinen inneren Monolog im Weinschorlenschwips etwas zu laut gehalten. Volker trocknet sich die Augen mit der Grillschürze, und auch Emre kullert ein salziges Tränchen der Rührung in sein bescheuertes Craftbeer. Volker pfeffert nach. »War schön mit euch«, sage ich. »Bis Spätersilie! Ich verabscheue mich!« Mist, denke ich, nun bin ich einer von ihnen geworden. Vielleicht doch Zyankali.

CREMIGE DIALOGE IM CAFÉ I

Eine meiner größten Leidenschaften sind Live-Podcasts. Ich kann Ihnen dieses Konzept nur wärmstens ans Herz legen. Alles, was Sie dazu brauchen, ist ein freier Tisch in einem belebten Café. Setzen Sie sich hin, trinken Sie einen Aperol Spritz, und lauschen Sie den Gesprächen in der Umgebung. Da ist oftmals viel Schönes dabei. Im Idealfall sollte man sich als stiller Zuhörer mit einem Buch oder einer Zeitung ausstatten, um unauffälliger und weniger creepy zu wirken. Der Vorteil des Live-Podcasts liegt darin, dass Sie als vermeintlich unbeteiligter Zuhörer auch mal Zwischenfragen stellen können. Falls Sie inhaltlich nicht hinterherkommen, können Sie sich gern dem Nebentisch zuwenden und Sätze wie »Wer zum Teufel ist Ulf?« oder »Entschuldigung, warum genau ist Ihre Ehe gescheitert?« einschieben. Ansonsten sollten Sie sich allerdings unauffällig verhalten. Im Verlauf dieses Buches finden Sie zwischen den Kurzgeschichten eine Auswahl meiner aus dem Gedächtnis rekonstruierten Lieblingsszenen. Viel Freude damit …

1

Ein Café im Hamburg, Gespräch am Nebentisch

Er: »Weißt du, wenn ich was anfange, dann bringe ich das auch zu Ende. Und dann muss ich wirklich zufrieden sein. In vielen Dingen bin ich echt ein Perfektionist.«

Sie: »Ach komm! Ich kenn so Typen wie dich.«

Er: »Hä?«

Sie: »Immer dieses affektierte Selbstbild angeblicher Perfektionisten. ›Oh, ich habe mir mal 'ne rechte Socke angezogen, und weil ich nicht zufrieden war, habe ich mir dann einfach noch 'ne linke Socke besorgt.‹ Leute wie ihr haltet euch alle für was ganz Besonderes, sobald ihr in irgendwelchen Lebensbereichen völlig normale Dinge abliefert und dabei ausnahmsweise nicht erbärmlich scheitert. Eine klägliche Parodie dieser albernen Leistungsgesellschaft. Das Wort Perfektion hat für euch doch überhaupt keine Bedeutung mehr.«

Er: »Aha …«

Sie: »Oh, ich bin so ein Perfektionist. Ich habe mal bis neun gezählt, und dann dachte ich: Ach komm. Die Zehn bekommst du auch noch hin!«

Er: »Irgendwie steigerst du dich da gerade rein.«

Sie: »Ach, halt's Maul!«

2

Ein Café in Innsbruck, Gespräch am Nebentisch

Er: »Witzige Geschichte: Gestern habe ich Klassikradio gehört. Bei der musiktheoretischen Besprechung eines Orchesterstücks haben sie dann die ganze Zeit den Fagottisten gelobt, und ich habe permanent Fuck Autisten verstanden und dachte nur: Ja, warum fluchen die denn so? Autismus ist eine tiefgreifende Entwicklungsstörung. Vielleicht hat der Mann auch einfach bloß viel geübt.«

Sie: »Weißt du, was das Problem an Geschichten ist, die mit ›witzige Geschichte‹ anfangen?«

Er: »Nein.«

Sie: »Nun, die Erwartungshaltung ist zu hoch. Ich hätte dieser durchaus pfiffigen Alltagsanekdote eine solide Zwei minus gegeben, aber durch das Intro hast du es wirklich runtergezogen. Was bleibt, ist unterer Durchschnitt.«

Er: »Ich fand's richtig witzig!«

Sie: »Und das ist doch die Hauptsache!«

3

Ein Café in Berlin, ein Mann geht am Tisch einer jungen Dame vorbei …

Er: »Puh, ich weiß echt nicht, wie ich das sagen soll! Also wenn ich jetzt einer dieser Leute wäre, die den Mut hätten, einfach so eine Frau anzusprechen, dann würde ich dir nun sagen, dass du eine wahnsinnige Ausstrahlung hast und ich dich gern mal auf einen Kaffee einladen würde.«

Sie: »Oh, danke! Und wenn ich jetzt eine dieser Leute wäre, die sich einfach so am helllichten Tag von fremden Herren ansprechen lassen würden, also rein theoretisch, dann würde ich sagen: Och, warum eigentlich nicht?! Irgendwie find ich dich süß.«

Er: »Wow! Das freut mich aber.«

Sie: »Schade, dass wir nicht solche Leute sind.«

4

Ein Café in Wuppertal, am Nebentisch ein erstes Date …

Er: »Ich bin ja jemand, der sich selbst nicht so ernst nimmt.«

Sie: »Das sieht man.«

[Pause]

Er: »Wie meinst du das?«

Sie: »Na ja, an deinem Look halt. Die randlose Brille, diese Faltenhose, der Schnäuzer – das wirkt so ironisch.«

Er: »Hm, mein Outfit meine ich eigentlich schon ernst. Ich meinte eher so auf der humoristischen Ebene. Kann eben viel über mich selbst lachen.«

Sie: »Ich fürchte, da hast du auch keine andere Wahl.«

5

Ein Café in München, Gespräch am Nebentisch

Er: »Die Gesellschaft verweichlicht an allen Enden. Für mich als Künstler ist das enorm einschneidend!«

Sie: »Glaubst du denn, dass du gewisse Dinge nicht mehr sagen kannst?«

Er: »Das nicht. Aber ich habe das Gefühl, dass ich über alles, was ich auf der Bühne erzählen möchte, vorher nachdenken muss!«

Sie: »Puh, das tut mir leid.«

VOLKER UND DIE WOKENESS

Es begann harmlos. Eines Morgens klingelte das Telefon, und mein Kumpel Volker war in der Leitung. Er wirkte recht aufgebracht. »Ich muss dir dringend was sagen!«, grummelte er. »Was denn?« »Patrick, du tust mir nicht gut! Ich möchte nicht mehr mit dir befreundet sein.« Nun, das kommt nicht sonderlich überraschend, dachte ich, habe ich Volker und seine kleinbürgerliche Welt doch oftmals zum Sujet meiner spöttischen Kurzgeschichten gemacht, aber mit diesem radikalen Schritt habe ich jetzt nicht gerechnet. »Was habe ich denn angestellt?«, fragte ich. Volker raunte: »Du hast deine Privilegien nicht gecheckt! Du bist ein weißer Cis-Mann und repräsentierst eine Mehrheitsgesellschaft, die ich in dieser Form nicht mehr fördern möchte. Du kannst morgen deine Sachen bei mir abholen.« Volker legte auf. Ich hätte es ahnen können. Volker war in seinem gesellschaftspolitischen Aktivismus schon immer ein wenig überstürzt und unbeholfen, aber letzte Woche hat er sich bei Twitter angemeldet, und seitdem sind die Dinge vollkommen ausgeartet. Zusammenfassend könnte man sagen: *People are woke, Volker is woker.*

Doch vermutlich hat er recht, denke ich. Am Ende wäre ich auch nicht gern mit mir selbst befreundet. Meine moralische Integrität ist durchaus fragwürdig. Sollte es einen Wikipedia-Artikel für *Doppelmoral* geben, könnten sie da definitiv mein

Foto einfügen. Ich vermeide Flugreisen, übermäßigen Fleischkonsum und Plastikbecher, heize aber nachts im Auto mit 200 Sachen über die A43, weil ich denke: Wenn ich für eine Strecke von 400 Kilometern statt vier nur zwei Stunden benötige, verbringe ich bloß die Hälfte der Zeit auf der Autobahn, spare also sehr viel Benzin und halbiere meine Unfallgefahr. Natürlich ahne ich, dass die Rechnung nicht vollkommen aufgeht, doch ich bin schließlich nicht Isaac Newton.

Am nächsten Morgen stehe ich mit zwei leeren Kisten vor Volkers Haus. Volker steht mit dem Presslufthammer und einem Wiedehopf in seinem Garten. »Was machst du da?«, frage ich. »Ich reiße die Gabionen ein. Diese Steingärten sind was für reaktionäre Spießer! Wir Menschen müssen die Natur zurückerobern. Außerdem ziehen wir nächste Woche um. Meine Privilegien sind unerträglich. Ich baue jetzt ein Tiny House!«

Vielleicht hat er wieder getrunken, denke ich und setze mich auf die Bank unter seinem Carport. Volker wirkt vollkommen überzeugt, aber womöglich hat er trotzdem vergessen, dass er mich gestern als erstes Opfer seines persönlichen Cancel-Culture-Feldzugs auserkoren hat. Volker sieht mich an und brüllt wütend in meine Richtung: »Brauchst dich gar nicht erst hinzusetzen. Deine Sachen liegen vor der Tür. Und mach die Beine zusammen. Das ist Manspreading! Du bist toxisch!« »Entschuldigung«, sage ich, bevor Volker im Haus verschwindet.

Volker hat sich wirklich verändert, aber so richtig ernst nehmen kann ich seinen Wandel noch nicht. Ein moderner *Social-Justice-Warrior*, gefangen im Körper eines Volkers. Ich sehe auf meine Beine und denke nach. Das Problem: Im Kern hat Volker recht. Manspreading ist echt ein seltsames Phänomen. Erst neulich verweilte ich im Zug, und der Herr gegenüber saß so breitbeinig da, dass die junge Dame daneben kaum noch Platz hatte. Nun war ich mir nicht wirklich sicher, ob dieser 90°-Spreizwinkel einer natürlichen Sitzhaltung entspricht oder auf eine Art animalische Reviermarkierung mit unterbewusstem Geltungsdrang schließen lässt. Vielleicht hatte der Herr nur angeschwollene Klöten. Vielleicht könnte man sich das Prinzip des Manspreadings als Gesellschaft nützlich machen, dachte ich da. Manspreader könnten im gewonnenen Beinzwischenraum durchaus sperrige Gegenstände anderer Fahrgäste wie Taschen, Regenschirme oder Rollkoffer verstauen. Bei richtig geübten und vorgedehnten Manspreadern könnte man sogar einen Kinderwagen in die Lücke schieben. Im Prinzip wie eine Schutzschleuse. Dann ruckelt der Buggy nicht mehr und die Babys könnten entspannt schlummern. Toll! Außerdem gibt es in manchen Großstädten doch diese speziellen Umwelt-Fahrbahnspuren, die nur Autos nutzen dürfen, in denen mindestens drei Personen sitzen. An diesem System könnte man sich orientieren. Manspreader dürfen dementsprechend weiterhin breitbeinig sitzen, wenn sie sich verpflichten, mindestens zwei weitere Manspreader auf ihrem Schoß sitzen zu lassen. Man muss da in die Höhe denken. Im Grunde wie beim Städtebau. Außerdem könnten sich die Manspreader untereinander besser kennenlernen und entsprechende Fachgespräche über Anatomie und Spreizgewohnheiten führen. Vielleicht entstehen da Freundschaften, stabile Netzwerke oder kleine Gay-Communitys. Aber ich schweife ab.

Volker steht inzwischen mit seiner Vinyl-Sammlung am Feuerkorb. »Was machst du da?«, brülle ich, ehe er eine Platte von Elvis Presley in die Glut wirft. »Elvis soll in Flammen aufgehen! Der Mann hat sich schwarze Musik angeeignet und von der strukturellen Unterdrückung profitiert.« Ich denke nach. Das Prinzip von Bücherverbrennung ist in Deutschland durchaus historisch vorbelastet, doch von Vinyl war nie die Rede. Das Problem: Es stinkt bestialisch, und auf der Terrasse liegen zwei tote Vögel. »Was ist denn mit deiner Öko-Bilanz?«, frage ich. »Wolltest du nicht gerade noch die Natur zurückerobern?« »Hast recht!«, murmelt Volker und schüttet umgehend das Feuer aus. Es riecht nach Weltuntergang!

Ach, diese verdammte Doppelmoral, denke ich, während ich Volker skeptisch betrachte. Da will man sich EIN MAL solidarisieren und auf die Seite marginalisierter Randgruppen stellen, und schon hat man wieder den natürlichen Baumbestand zerstört. Aber Widersprüchlichkeiten im eigenen Handeln dürften etwas vollkommen Unvermeidliches sein. Finde es immer dubios, wenn Anhängern aktivistischer Klimabewegungen in sämtlichen Debatten neben naivem Aktionismus vorwiegend eine Inkonsequenz im eigenen Konsumverhalten vorgeworfen wird. Ein durchaus pfiffiges Argument. Menschen dürfen sich erst engagieren, sobald sie frei jedweder Schuld sind und noch nie in ihrem Leben eine Plastiktüte angeguckt haben. Nur im Leben stehende Kenner wissen: Wer gar nichts tut, kann sich folglich nicht widersprechen, und gegen Erderwärmung helfen ohnehin bloß Klimaanlagen und kalte Herzen. Der gute Volker scheint sich jedenfalls ein wenig verrannt zu haben. Fragen über Fragen: Hat Volker nicht neulich erst behauptet, er wäre edgy? Hat er nicht verletzende Witze auf Kosten von Minderheiten gemacht und diese dann stets mit dem Nachsatz »Haha! War doch bloß Satire!« gerechtfertigt? Ein großer Schritt vom Edgy-Volker zum Ritter der Wokeness. Hat er dabei nicht ein paar Prozesse übersprungen? Gibt es nicht irgendwas dazwischen? Guter Humor, Einfühlungsvermögen und gesunder Menschenverstand? Und ist ein woker Volker ein Wolker?

Die Einzige, die sich vom bestialischen Gestank der Schellack-Schmelze nicht beeindrucken lässt, ist Kerstin. Sie schläft friedlich auf ihrer Gartenliege und bekommt von alldem nichts mit. Noch immer trägt sie ihre zu Cornrows geflochtenen Rastazöpfe aus dem letzten Urlaub. Durchaus frech, wie wir jungen Leute sagen. »Ist das nicht auch kulturelle Aneignung?«, frage ich. Volker denkt nach, mustert seine Ehefrau kritisch, ehe er entschlossen zu seiner neuen Astschere greift und mit Kerstins Haarpracht kurzen Prozess macht. Ich finde, so langsam steigert er sich etwas rein und tendiert zu subtiler Radikalisierung. Kerstin schlummert nach wie vor. Ihre Frisur ist jetzt nicht mehr frech, sondern vielmehr abstrakt. Ein wenig erinnert ihr Kopf an ein sehr großes Teelicht mit etwa fünfzig kläglichen Dochtresten. Den Satz »Einmal nur die Spitzen schneiden« wird man jedenfalls für eine längere Zeit nicht von ihr hören.

Nun steht Wolker entschlossen vor mir. Noch immer hält er seine Astschere in der Hand, was mich ein wenig verunsichert. »Patrick, es heißt nun, Lebewohl zu sagen. Ich bin aktiv bemüht, meinen Freundeskreis zu selektieren, und möchte nur noch mit Migranten, feministisch aktiven Frauen, Menschen mit Behinderungen und Leuten aus der LGBTQIA-Szene befreundet sein. Es tut mir leid, aber ich sehe keinen anderen Ausweg! Ich habe keine Lust mehr, Teil der weißen Mehrheitsgesellschaft zu sein.«

»Volker«, sage ich, »du BIST die weiße Mehrheitsgesellschaft. Das ist doch kein Bus, aus dem du einfach aussteigen kannst. Du wohnst mit Tausenden biodeutschen Besserverdienern in einer Vorstadt-Neubausiedlung, hast ein verstörend enges Verhältnis zu deinem Hochdruckreiniger, machst dumme Witze übers Gendern, dein einziger Kontakt zu einem Migranten ist dein Nachbar, und vor wenigen Sekunden hast du Frausein mit einer Behinderung gleichgesetzt.«

»Mein Nachbar ist nicht einfach nur mein Nachbar«, antwortet Volker. »Wir verstehen uns ausgezeichnet, obwohl wir nicht dieselbe Sprache sprechen! Außerdem habe ich das Gefühl, dass ich ihm bei der Integration helfen und ihn seine Fluchterfahrungen vergessen lassen kann.«

»Volker, der Mann ist Schwede.«

»Ja, aber der Lennart hatte es auch nicht immer leicht. Und körperlich ist er mit seinem Handicap durchaus beeinträchtigt.«

»ER HAT HEUSCHNUPFEN! Und du weißt schon, dass es auch positiven Rassismus gibt und es durchaus fragwürdig ist, wenn man mit Menschen bloß aufgrund ihrer Hautfarbe befreundet sein möchte.«

»Patrick, hör endlich auf, mir dauernd Vorwürfe zu machen, und check mal deine Privilegien! Der alte Volker ist tot! Ich bin woke!«

»Du hast einfach nur sehr viel Kaffee getrunken«, sage ich.

»Nein, Twitter hat mir die Augen geöffnet. Und ich möchte nicht länger die Augen verschließen.«

»Und wo zum Teufel willst du hier in deiner sterilen Fertighaus-Siedlung Menschen aus der LGBTQIA-Szene kennenlernen?«

»Über eBay-Kleinanzeigen.«

»Das musst du mir erklären.«

»Na, ich verkaufe dort einfach Dinge, die diese Leute anlocken. Die Menschen kommen zu mir, um die Sachen abzuholen, und dann kommen wir schon irgendwie ins Gespräch.«

»Was lockt denn *diese Leute* an?«, frage ich. Und ich habe das beklemmende Gefühl, dass ich diese Frage nicht hätte stellen sollen.«

»Regenbogenschirme!«, sagt Volker triumphierend.

»Regenbogenschirme?«

»Na, die machen doch ständig ihre Paraden.«

Manchmal ist es besser, wenn Menschen schweigen, denke ich und bin jetzt ebenfalls überzeugt, dass es besser wäre, Lebewohl zu sagen.

Inzwischen ist auch Kerstin aufgewacht. Sie ist nun etwa zehn Kilo leichter, hat den Verlust ihres voluminösen Haupthaares aber noch nicht registriert. Volker geht zu ihr, gibt ihr einen Kuss auf die Stirn und steckt ihr einen 50-Euro-Schein zu. »Hier, Schatz! Das habe ich heute Morgen vergessen!« Kerstin wirkt unbeeindruckt.

»Volker, was machst du da?«, frage ich. »Taschengeld«, sagt Volker. »Wegen dem Gender-Pay-Gap. Wie gesagt – ich bin jetzt Feminist.«

»Und du empfindest diese väterliche Geste nicht als herablassend?« »Keineswegs. Am Ende gleicht es sich wieder aus. Ab nächstem Monat geht Kerstin wieder arbeiten, und ich mache 14 Monate Elternzeit.«

»Volker, dein Sohn ist sechs und geht bald in die Ganztagsschule.«

»Und da werde ich ihn täglich um 16 Uhr abholen und für ihn da sein.«

Wow, denke ich, das wird eine entbehrungsreiche Zeit.

Plötzlich steht Nachbar Lennart im Garten. Er wirkt wütend! »Volker, ich war gerade im Internet. Hast du auf eBay-Kleinanzeigen ein Bild von mir veröffentlicht, auf dem ich betrunken in deinem Gartenstuhl schlafe, während du mich in ein weißes Gewand gehüllt hast?«

»Ja«, sagt Volker. »Und wo ist das Problem?«

»Du hast im begleitenden Text behauptet, ich wäre ein nonbinärer politischer Flüchtling aus Saudi-Arabien und säße im Rollstuhl, weil ich im Kampf gegen Homophobie meine Beine verloren habe. Aber durch deine Regenbogenschirme hätte ich endlich neue Kraft geschöpft und Anschluss gefunden.«

Volker wirkt beschämt. »Lennart, es tut mir leid. Ich habe hier zweihundert von diesen bescheuerten Schirmen rumfliegen, weil ich mich ein wenig verrannt habe.«

»Volker, das ist nicht nur rassistisch und verlogen, sondern verstößt auch noch ganz deutlich gegen meine Persönlichkeitsrechte. WAS BIN ICH FROH, WENN DU IN DEIN VERDAMMTES TINY HOUSE ZIEHST, DU ARSCHLOCH!« Lennart stampft wütend davon.

Volker sieht mich traurig an. »Patrick, also wegen meinem Anruf neulich … Ich glaube, ich möchte dich zurück.«

»Vergiss es!«, sage ich. »Ich möchte erobert werden.«

DEUTSCHLAND, DEINE WOHNZIMMER

Besuch bei einem gewöhnlichen Pärchen in einer gewöhnlichen Wohnung einer willkürlichen deutschen Großstadt …

Gast: »Wow, richtig schön geworden, eure Wohnung.«
Er: »Oh, danke! Hat fast alles meine Frau eingerichtet.«
Sie: »Toll, wenn man da ein Händchen für hat.«
Er: »Das macht sie schon richtig klasse. Nicht wahr, Darling? Da hast du einfach ein Auge für!«
Sie (kichernd): »Ach, nicht der Rede wert. Ich schau immer mal wieder bei Pinterest rein und lasse mich inspirieren.«
Gast: »Echt bezaubernd. Und diese Backsteinwand! Herrlich.«
Sie: »Du glaubst gar nicht, was für eine schöne Textur zum Vorschein kommt, wenn man einfach mal ein paar Schichten Tapete abkratzt. Habe da einfach 'n Faible für diesen ursprünglichen Charme. Neulich erst bei der Sybille gesehen. Die hat immer ganz pfiffige Ideen …«

[Pause]

Gast: »Sind das da LED-Leisten in den Europaletten-Möbeln?«
Sie: »Schön, oder? Macht so eine Wohnung irgendwie wärmer. Das passive Licht lässt alles wesentlich fried-

voller und ausgeglichener erscheinen. Nahezu unaufdringlich.«

Gast: »Einfach klasse. Mein Licht ist ja so dermaßen unterkühlt.«

Sie: »Indirektes Licht drängt sich einfach nicht so auf.«

Gast: »Im Kontrast wirkt mein aktives Licht nahezu aggressiv-übergriffig.«

Sie (verlegen): »Ach, jetzt übertreibst du aber. Kommt doch mal kurz in die Küche, dann mache ich uns 'nen leckeren Café Crema. Habe über die Jahre so viele Treueherzen gesammelt, und nun haben wir uns endlich den ersehnten Vollautomaten gegönnt.«

Gast (in der Küche): »Oh, eure Küche ist aber waldig.«

Sie: »Alles Birkenholz. Habe ich neulich in einem Burgerladen um die Ecke gesehen. Bin eigentlich kein Freund von Fast Food, aber was Einrichtung angeht, da haben die wirklich …«

Er (aus dem Wohnzimmer): »EIN HÄNDCHEN FÜR!«

Zwei Minuten später

Sie: »Ulf, kommst du bitte kurz in die Küche! Ich glaube, unser Gast hat sich mit dem Sushimesser die Pulsadern aufgeschnitten …«

Er: »Das neue aus dem WMF-Magnetblock?«

Sie: »Nee, das vom Flohmarkt mit der schönen Patina.«

[Pause]

Beide (lachend): »Ach, da hat er einfach ein Auge für!«

AUSWEGE AUS DER ACHTSAMKEIT

Heute ist der große Tag! Nächste Woche wollen Volker und Kerstin in ihr neues Tiny House ziehen. Nun gilt es ihre alte Doppelhaushälfte auszumisten, denn im Laufe der Jahre häuft sich auf 150 Quadratmetern doch recht viel Gerümpel an. Volker und ich sind wieder Freunde, und so fragte er mich vor Kurzem, ob ich beim Umzug helfen kann. »Erst mal nur ausmisten! Da werden wir schnell durch sein.« »Volker, du bist 37, verdienst sehr viel Geld und könntest jederzeit eine Firma dafür beauftragen. Warum genau sollte ich dir beim Umzug helfen?« »Patrick, überleg doch mal, *warum* ich so viel Geld habe.« Gut, dachte ich, ist ein Punkt.

Zwei Tage später ist es so weit. Volker öffnet mir die Tür. »Hey, komm doch rein! Muss noch kurz ein paar berufliche Mails beantworten. Danach können wir sofort loslegen.«

»Wolltest du nicht in Elternzeit gehen und Kerstin entlasten?«, frage ich. »Hat sie sich nicht erst letzte Woche selbstständig gemacht und ihre eigene Firma gegründet?«

»Ja«, antwortet Volker. »Eigentlich schon, aber jetzt hat sie Burn-out.«

»Ich dachte, sie wäre Achtsamkeitstrainerin.«

»Zu viele Aufträge. Einfach zu viele Aufträge!«

»Tja, da war sie wohl nicht achtsam genug!«, sage ich. »Und was macht sie nun den ganzen Tag?«

»Atmen! Vorwiegend widmet sie sich der Selbstfürsorge. Und ich mache parallel eine Fortbildung zum Achtsamkeitscoach, damit ich sie unterstützen kann. Jetzt, wo es so gut anläuft, wäre es schade, wenn man den vielen Anfragen nicht gerecht werden könne. Weißt du, die ganzen Großkonzerne überschütten uns mit Aufträgen für Meditationskurse, weil sie die Mitarbeiter effizienter machen wollen.«

»Habe ich das richtig verstanden? Menschen arbeiten bis zur Erschöpfung, und anstatt sie besser zu bezahlen und weniger arbeiten zu lassen, finanziert man ihnen Achtsamkeitsseminare? Du willst doch nicht am Ende behaupten, der Kapitalismus wäre zynisch?«

»Patrick, du bist da einer großen Sache auf der Spur!«

Nach wie vor stehe ich verwirrt und unbeholfen im Flur. Volker stellt leicht erzürnt fest, dass ich noch Schuhe trage, und reicht mir ein paar Einweg-Gästeschläppchen, die er letztes Jahr in einem Wellness-Hotel geklaut hat. Größe 34. Passt super!

»Patrick, komm rein und leg doch erst mal deine Jacke ab. Öffne dich für den neuen Raum! Nimm dir die Zeit, im *Hier und Jetzt* anzukommen, und lebe den Moment.«

»Ich lebe den Moment«, antworte ich, »und im Moment gehst du mir tierisch auf den Keks!«

»Weil du für neue Wege verschlossen bist. Patrick, bitte fokussiere dich auf deine Atmung. Drei Sekunden einatmen, dann vier Sekunden die Luft anhalten und dann acht Sekunden langsam und bewusst ausatmen. Und immer in den Bauch atmen!«

In die Füße wird auch schwierig, denke ich und sehe auf meine engen Frotteeschläppchen.

Alles sehr seltsam hier. Eine gestresste Achtsamkeitstrainerin ist jedenfalls mal was Neues. Man hätte ahnen können, dass dieses Projekt scheitern würde, denn Kerstin war schon immer ein zu Stress und Hektik tendierender Mensch. Seit ich sie kenne, rennt sie die meiste Zeit des Tages nervös durch die Gegend und brüllt: »Ich kann einfach nicht mehr.« Ein bisschen Achtsamkeit konnte da eigentlich nicht verkehrt sein, aber vermutlich hat sie sich etwas reingesteigert.

»Und wie soll es jetzt weitergehen?«, frage ich.

»Kerstin hat viele Kundentermine abgesagt und wollte erst mal halblang machen.«

»Ist halbe Achtsamkeit am Ende nicht einfach Viersamkeit?«

»Witzig«, sagt Volker. »Jedenfalls hat das mit der Kohle dann nicht mehr hingehauen. Deswegen unterstütze ich sie nun, und wir können wieder doppelt so viele Anfragen annehmen. Damit wir aber noch Zeit für uns haben, machen wir sogenannte Turbotermine. Ein neues Konzept namens Speed-Achtsamkeit. Ist im Prinzip das Gleiche, nur dass man etwas schneller atmet und sich beim Meditieren nicht mehr hinsetzt. Außerdem haben wir noch die Bianca angestellt. Die hilft uns bei der Buchhaltung.«

Aha, denke ich, Burn-out und Bianca. Durchaus naheliegend!

»Und …«, fragt Volker, »bist du schon im Hier und Jetzt angekommen?«

»Ich fürchte, ja.«

Inzwischen stehe ich im Wohnzimmer und betrachte die nicht unbeachtliche Sammlung an Blechschildern mit Aufschriften wie *Hömma, bisse bekloppt? Dann bist du hier genau richtig!*

und *Alle verrückt hier. Komm, Einhorn, wir gehen!*. Diese positive Bekloppttheit hat ein vollkommen neues Level erreicht. Ich verspüre Todessehnsucht. Wenn das hier das Hier und Jetzt ist, möchte ich bitte ganz schnell ins *Woanders-und-möglichst-bald*. Volker, der in der Zwischenzeit seine Mails beantwortet hat, klappt den Laptop zu. Still und heimlich habe ich längst mit der Entrümplung angefangen, was nicht sonderlich schwierig ist, denn so gut wie alle Gegenstände in diesem Haushalt lösen in mir tiefe Wut und Verzweiflung aus. »Kann das weg?«, frage ich und zeige auf ein Sofakissen mit dem Schriftzug *Live, Love, Laugh*. Warum sämtliche Deko-Elemente in diesem Haushalt auf Schriftzügen basieren, ist mir bis heute ein Rätsel. Wäre mir persönlich viel zu anstrengend, wenn mich meine Sofabezüge ständig vollquatschen würden. Und warum nicht *Die, Hate, Cry?*

»Patrick, nimm mal bitte Tempo raus. Du musst entschleunigen.«

»Ich stehe bereits! Wenn ich jetzt noch entschleunige, würde ich mich entweder rückwärtsbewegen oder spurlos verschwinden.«

»Komm, wir setzen uns erst mal hin und trinken einen Salbeitee!« Volker tapst zum Tisch und gießt mir das dampfende Getränk ein, das ganz dezent nach Verwesung riecht. Dann zeigt er auf eine Pappschachtel auf dem Küchentisch. »Kannst du bitte dein Smartphone ausschalten und in die Handybox legen? Wir wollen uns wieder mehr auf zwischenmenschliche Kommunikation fokussieren.«

»Aha!«

»Ja, das ist wichtig. Unsere Seelen brauchen eine Auszeit!«

Und ich brauche eine Auszeit von euch, denke ich, beschließe aber zu schweigen, denn ich habe es aufgegeben, hier irgendetwas zu hinterfragen. Ich lege mein Handy in die Box und sehe mich um.

Kerstin sitzt zusammengekauert vorm Fernseher und atmet noch immer. Sie atmet schnell. Sehr schnell. Ein einziges Röcheln!

»Hallo, Kerstin! Was machst du da?«

»Atemübungen. Das sieht man doch.«

»Und wie heißt die Übung? Die asthmatische Katze von Alcatraz?«

»Ach, Patrick! Davon hast du einfach keine Ahnung!«

Vermutlich, denke ich und betrachte das Wohnzimmer. Das kann dauern. Alles eine einzige Rumpelkammer! »Also, Volker, dass ich dir beim Umzug helfe, ist natürlich Ehrensache. Aber warum buchst du nicht wenigstens für die Entrümplung eine professionelle Firma?«

»Das geht nicht. Stell dir mal vor, das sind dann Ausländer! Dann würde ich durch das einhergehende Abhängigkeitssystem eine Hierarchie schaffen und das Narrativ der strukturellen Unterdrückung reproduzieren. Das möchte ich den Herren nicht zumuten.«

»Und du denkst, du kannst strukturelle Unterdrückung besiegen, indem man Ausländern einfach keine Jobs mehr gibt? Klingt einleuchtend. Aber warum gehst du davon aus, dass das Männer sind? Ist diese Prämisse nicht im Kern zutiefst sexistisch?«

»Oje! Das habe ich nicht bedacht.« Volker bricht umgehend in Tränen aus und bekommt eine Panikattacke. »Bitte kein Shitstorm! Ich werde mich umgehend rüffeln und reflektieren!«

»Na, dann reflektier dich mal. Pass auf, dass du mich nicht blendest! Woher soll dieser Shitstorm denn kommen? Kerstin ist mit sich selbst beschäftigt, und von mir kannst du allemal eine sanfte Brise erwarten.«

»Aber was ist, wenn du das auf Twitter postest?«

»Volker, erstens kennt dich niemand, und zweitens bin ich überhaupt nicht bei Twitter. Das ist meine Form der Selbstfürsorge.«

»Echt? Ich würde ohne Twitter nie von neuen Achtsamkeitstrends erfahren. Und wie bildest du dich fort und bleibst am Puls der Zeit?«

»Videotext! Manchmal mache ich auch ganz verrückte Sachen und lese ein Buch. Lesen ist entschleunigend, fördert die Konzentration und man spart Geld für Achtsamkeitsseminare. Und wenn ich trotzdem mal gestresst und zudem ganz verrückt darauf bin, gehe ich im Wald spazieren.«

»So richtig in der Natur?«

»Ja, manchmal muss ich mit Bären kämpfen, aber man gewöhnt sich dran.«

Den letzten Satz scheint Volker nicht mehr gehört zu haben, denn er steht inzwischen beschämt in der Ecke des Wohnzimmers, schlägt sich selbst ins Gesicht und brüllt: »VOLKER! MEHR BEWUSSTSEIN UND WACHSAMKEIT!« Eine sehr aggressive Form der Reflexion, denke ich. Wäre Volker ein Fahrrad, würde es zu neunzig Prozent aus Katzenaugen bestehen. Erst Turboachtsamkeit und jetzt Hyperreflexion! Alles sehr sonderbar. Wenn er nun woke und wachsam zugleich ist … ergibt plus und plus dann nicht einfach minus? Schläft Volker am Ende womöglich einfach im Stehen ein oder löst sich in Rauch auf?

Mittlerweile liegt Kerstin ausgestreckt und mit geschlossenen Augen auf einer Yogamatte. Lektion *asthmatische Katze* scheint abgeschlossen zu sein. »Und was machst du nun?«, frage ich. »Einen Bodyscan.« Sieht eher aus wie ein Fax, denke ich. »Was ist denn ein Bodyscan?« »Ein gedankliches Abtasten des Körpers. Ich lenke meine Aufmerksamkeit zuerst auf die Zehen und arbeite mich dann stufenweise den Körper hinauf.« »Und wo bist du gerade?« Kerstin wirkt genervt. »Bin schon im Kopf.« »Na, da wirst du schnell durch sein.« »Was?« »Nichts. Können wir jetzt endlich mit der Entrümplung anfangen?« So langsam überkommt mich die Ungeduld. Bisheriges Fazit einer achtsamen Entrümplung: Zieht sich!

Dabei habe ich mich so sehr auf den heutigen Tag gefreut. Denn wenn ich eines liebe, dann sind es Ausflüge zum Wertstoffhof. Regalbretter oder ausgediente Blumenvasen aus zehn Meter Entfernung in einen riesigen Metallcontainer zu schleudern ist so befriedigend, dass ich oft versucht bin, neue Möbel umgehend nach dem Erwerb wieder zu zerlegen und fachmännisch zu entsorgen. Ich fürchte, es ist eine Sucht geworden. Vermutlich wäre ich der engagierteste Wohnungsentrümpler aller Zeiten, wenn man da nicht immer so schwer schleppen müsste.

Ich betrachte die Porzellanbuddhas auf der Fensterbank. Schon seltsam, denke ich, ob irgendwelche Buddhisten in Kambodscha sich im Gegenzug Kruzifixe an den Rückspiegel hängen?

Unwahrscheinlich. Sanft lege ich die zahlreichen Buddhas in eine Kiste. Und mit *legen* meine ich *werfen.*

»Patrick, bitte nicht die Buddhas wegschmeißen. Die brauchen wir noch!« »IHR ZIEHT IN EIN TINY HOUSE!«, brülle ich. »Wie stellt ihr euch das denn vor?« »Patrick, entspann dich doch mal und fokussiere deine Wahrnehmung. Nach der Achtsamkeitslehre von Jon Kabat-Zinn ist die Aufmerksamkeit absichtsvoll, gegenwartsbezogen und nicht wertend. Wir setzen uns nun in einen Kreis, nehmen jeder einen Buddha in die Hand und beschreiben ihn in Gedanken. Wir nehmen das Objekt bewusst wahr, ertasten es blind und machen uns bewusst, wie es sich auf der Haut anfühlt. Und dann riechen wir daran.«

»Volker, ich möchte hier weder beschreiben noch wahrnehmen. Ich fühle ohnehin nichts mehr und bin innerlich abgestorben. Und wenn ich an dicken blassen Männern im Schneidersitz riechen möchte, gehe ich in die Sauna. Ich möchte bitte einfach nur zum Wertstoffhof! Außerdem verabscheue ich eure Einrichtung mit jeder Faser meines Körpers!«

»Patrick, NICHT WERTEND! Du hast schon wieder nicht den Moment gelebt. Du bist im Hier und Jetzt! Keine Wut. Die negativen Gefühle deiner Vergangenheit liegen hinter dir. Spüre dein drittes Auge und pflücke den Tag.«

»Ich *pflück* dich gleich!«

»Patrick, ich dachte, du wärst so entspannt!«

»ICH BIN ENTSPANNT, DU KLAPPSPATEN! Habt ihr Alkohol im Haus?«

Kerstin lacht. »Um meinen Jutebeutel zu zitieren: *Zu Vino sag ich nie no!*«

Ich nehme den Jutebeutel und werfe ihn in den Kamin. Er geht umgehend in Flammen auf. Kerstin weint.

»Habt ihr härtere Drogen? Crystal Meth wäre gut.«

Volker denkt nach. Ein wenig zu lange, wie ich finde. Dann grinst er mich an und sagt: »Zu Fixbesteck sage ich immer yes! Der war gut, oder?«

»Volker, es gibt ein Gesetz für schlechte Witze, und das lautet: Sie sind immer dann witzig, wenn man danach nicht *Der war gut, oder?* fragen muss. Und nun lass uns bitte endlich mit dem Entrümpeln anfangen.«

»Nee, die Kerstin ist traurig wegen ihrem Jutebeutel. Die muss jetzt erst mal atmen und danach in ihr Dankbarkeitstagebuch schreiben. Da besinnt sie sich auf ihre positiven Gefühle. Solltest du auch mal machen.«

Puh, denke ich, *da* wiederum würde *ich* sehr schnell durch sein.

MEIN DANKBARKEITSTAGEBUCH I

Liebes Tagebuch, ich schreibe Dir, weil mir sowohl Kerstin als auch meine Therapeutin empfohlen haben, neue Routinen zu entwickeln. Ich solle doch versuchen, mir täglich ins Bewusstsein zu rufen, dass das Leben mit all seinen Facetten viele kostbare Momente zu bieten hat und ich mir die schönen Augenblicke und Erlebnisse des Alltags bewusster vor Augen führen sollte. Vermutlich haben die Damen recht. Dankbarkeit und Demut – zwei wichtige Säulen eines erfüllten Lebens, und eigentlich gibt es nur gute Gründe dafür: Ich habe ein Dach über dem Kopf, eine erfüllende Arbeit, eine liebe Frau und zwei glückliche Kinder. Wenn da bloß nicht diese dämlichen Depressionen wären, die einen in regelmäßigen Abständen daran erinnern, dass dieses Leben eine Zumutung ist. Ach, die Psyche ist manchmal ein Arschloch! Zu oft verdrängt man die Unbeschwertheit und das Glück und denkt abends vorm Einschlafen: Ich armer Tropf! Wie wird mir gar?! Doch ich möchte mich verändern und ein positiverer Mensch werden. Denn wie heißt es so schön auf Kerstins Wandtattoo: Heute ist der erste Tag vom Rest meines Lebens.

SAMSTAG: Ich bewundere Menschen, die ihr Leben im Griff haben. Sie erwachen samstags vom ersten sanften Ton ihres Radioweckers, lächeln vollkommen grundlos ihren Partner an, stehen auf, trinken Kokoswasser, machen Yoga, nutzen nach dem Duschen vitalisierende Gesichtscreme, essen vitalisierendes Müsli vor ihrer vitalisierenden Tageslichtlampe, schlendern dann fein frisiert, pfeifend und nahezu durchvitalisiert zum Wochenmarkt, kaufen frische Zutaten für ihren nachvitalisierenden Ingwer-Shot, treffen dabei zufällig drei hübsche Bekannte, mit denen sie spontan ein erfolgreiches Start-up gründen, kommen um 9:30 Uhr wieder nach Hause, schauen auf die Uhr, und dann denken sie: Och, heute habe ich faules Stück mich aber richtig gehen lassen. Ich Lümmel!

Ich hingegen bin vorhin halbwegs motiviert aufgestanden, esse nun vollkommen zerknautscht eine Schüssel morbidisierende Froot Loops und bin dabei nur vom Gedanken, mir später eine Hose anziehen zu müssen, wieder so unfassbar müde geworden, dass ich mich wohl gleich wieder hinlegen werde. Insgesamt alles sehr ernüchternd. Aber ich bin dankbar, dass ich mich endlich selbst akzeptiere.

SONNTAG: Sieben Uhr, vom ersten Sonnenstrahl zärtlich gekitzelt, öffne ich zaghaft die Augen und sehe mich um. Neben mir liegt mein fünfjähriger Sohn und schläft den Schlaf der Gerechten. Ich kuschle mich an ihn heran, gebe ihm ein Küsschen auf die Stirn und fühle mich auf unbeschreibliche Weise erfüllt. Wie kostbar und wertvoll solche Augenblicke sind! Wenige Sekunden später wacht das Kind auf, schaut mich verwirrt an und murmelt: »Papa, dreh dich um. Dein Gesicht ist ein bisschen eklig.« Hm, denke ich, solch charmante Begrüßung ist natürlich Gift für die Stimmung.

MONTAG: Ach, wie dankbar ich doch bin! Seit heute Mittag habe ich keine Depressionen mehr, denn ich habe mir ein neues Paar Happy Socks gekauft. Da schleppt man sich wöchentlich zur Therapie und schüttet sein Herz aus, aber kaum setzt man modisch auf seinen monochrom anmutenden Füßen ein paar verspielte Akzente, ist mal richtig Stimmung in der Bude. Fun! Fun! Fun! Auf dem Poolflamingo des Lebens bin ich das Cocktailschirmchen! Bunte Punkte, Blaubeer-Porridge und ein willkürliches Buch mit dem Wort *Selfcare* auf dem Titel haben mich zu einem positiveren Menschen gemacht. Seitdem pfeife ich beim Joggen, umarme fremde Menschen und lächle grenzdebil vor mich hin. Ich bin der Sonnenschein, der den Morgentau der Frühlingswiese küsst, eine kuschelige Kaschmirdecke im kalten Winter unserer Herzen, das menschgewordene Propellerhütchen! Mein Mindset: good vibes only! Menschen? Ich sage JA.

DIENSTAG: Ich hasse Menschen. Gestern Abend war ich auf einem Konzert. Habe durch Zufall ein Ticket ergattert und mich wahnsinnig gefreut, meinen Lieblingskünstler ein zweites Mal live zu sehen und dem intimen Moment eines Konzerts beizuwohnen. Vor Ort musste ich aber feststellen: Diese Idee hatten anscheinend auch andere Leute. Offenbar war die Olympiahalle doch kein kleiner verrauchter Kellerclub. Fragwürdiges Konzept, so ein Live-Aufritt. Was glauben diese Leute, wer die sind, denselben Geschmack zu haben und mich meines intimen Moments zu berauben? Am Ende habe ich den Künstler dann aus der letzten Reihe auf einer Videoleinwand gesehen. Gesehen wäre jetzt auch übertrieben, denn vor mir saß LeBron James mit der Frisur von Marge Simpson. Überraschend gut war allerdings die Vorband! Es hat kaum einer zugehört, was ich als unsagbar respektlos erachte, dabei ist es doch so bereichernd, wenn man völlig unerwartet neue

Künstler entdeckt. Man sollte das Prinzip von Supportacts auch im Alltag etablieren. Beim Sex zum Beispiel. Das wären überraschende Szenen, die so eine eingestaubte Ehe durchaus auflockern würden: »Hallo, Schatz! Herzlich willkommen im Ehebett. Bevor es hier gleich nur noch um mich geht: Das hier ist der Erich, ganz netter Kollege aus der Buchhaltung. Gepflegter Mittvierziger, spielt Jazzgitarre und mag Regionalkrimis aus der Eifel. Der Erich macht einfach mal fünfzehn Minuten vorneweg ...«

MITTWOCH: Ich hasse Menschen immer noch, bin aber dankbar, dass ich überhaupt noch Gefühle habe. Seit ich keine Depressionen mehr habe (vorgestern), habe ich mein Leben vollkommen unter Kontrolle. Heute habe ich das Bett neu bezogen, was jetzt für viele Menschen nicht sonderlich aufregend klingt. Das Ding ist – ich weiß, dass es in diesem Leben nichts Schöneres gibt, als sich am Abend nach einer ausgiebigen Dusche unter eine frisch gewaschene Bettdecke zu mummeln, aber manchmal gibt es eben Tage, da denkt man: Puh! Da müsste man ja nun erst mal abziehen, und was das dann wieder an Staub aufwirbelt. Das könnte in Stress ausarten. Das ist das Schlimme an der Zufriedenheit: In der Theorie ist alles so einfach, und manchmal scheitert es dann an der einfachen Umsetzung. Dann ist man antriebslos und weiß genau: Ich könnte jetzt aufstehen, in eine Grapefruit beißen und gesund in den Tag starten, aber dafür müsste ich erst mal in die Küche gehen und mir eine Grapefruit schälen. Und was das wieder rumspritzt, und außerdem hat man klebrige Finger, und wahrscheinlich kommen obendrein noch Bienen und saugen an mir rum oder fressen mich bei lebendigem Leib auf, und wenn nicht, muss man wegen den Fruchtfliegen wieder den Kompost rausbringen und trifft womöglich seine befreundeten Nachbarn im Hausflur, und dann sagen die Dinge wie: »Oh, der feine Herr hat eine Grapefruit gegessen. Sie halten sich wohl für was Besseres mit Ihrer schönen Haut und dem gesunden Teint.« Und dann gäbe es wieder Neid, und dann bräuchte man neue Bekannte, und das wären dann alles so Agility-Typen, die den ganzen Tag auf Balanceboards stehen oder zum Bouldern gehen, und mit so Leuten will man ja auch wieder nichts am Hut haben. Also isst man einfach kalte Pizza vom Vortag und hasst sich selbst.

DONNERSTAG: Liebes Tagebuch, das Leben ist schön! Ich bin glücklich, denn seit zwei Stunden lausche ich betörender Musik, tanze euphorisch durch die Wohnung und scheine die Welt um mich herum zu vergessen. Zwar war das Konzert eine herbe Enttäuschung, aber gestern ist ein neues Album meines Lieblingskünstlers erschienen, und seitdem höre ich die Platte rauf und runter. Es gibt wirklich keinen intensiveren Moment, als neue Musik aufzulegen und sich entweder in der melancholischen Stimmung zu suhlen oder ausgelassen durch die Wohnung zu tanzen. Ach, ich liebe Mark Forster! Oder wie er sagen würde: »Du bist mein allerschönster Fehler. Ich mach dich immer wieder neu.«

FREITAG: Manchmal sind wir Menschen doch ganz wundervolle Wesen! Heute Morgen stand ich an der Supermarktkasse. Ganz vorne eine ältere Dame, die ihren Tageseinkauf bezahlen wollte und dann mit zitternder Stimme feststellte, dass sie ihr Portemonnaie vergessen hat. Die Dame (ca. 80) war sehr betrübt und verzweifelt, als der aufmerksame Herr hinter ihr spontan angeboten hat, ihre Sachen zu bezahlen, woraufhin ich und die anderen vier Leute in der Schlange uns umgehend solidarisierten und wir dann letztlich zu fünft den Einkauf übernommen haben. Hach, dachte ich, nahezu beseelt, vielleicht sind wir Menschen manchmal doch gar nicht so schlechte Geschöpfe. Schade ist jetzt bloß, dass ich mir diese Geschichte nur ausgedacht habe. Die alte Dame war nämlich ich, und die Menschen in der Schlange haben es mal so gar nicht eingesehen, mir mein Zwiebelnetz und den prächtigen Wirsing zu bezahlen. Stattdessen wurde ich von allen Kunden mit verächtlichen Blicken gestraft, in Gedanken mit Warentrennern beworfen, und die Kassiererin murmelte bloß: »Junger Mann, jetzt habe ich hier wieder Bonstorno!« Beschämt und gepeinigt ging ich nach Hause. Nun sitz ich hier, würde- und wirsinglos, und bin grundlos neidisch auf eine fiktive Oma. Auch kein schönes Gefühl. Liebes Dankbarkeitstagebuch, ich denke, wir haben uns auseinandergelebt. Ich brauche ein wenig Abstand. Bis bald!

CREMIGE DIALOGE IM CAFÉ II

1

Ein Café in Wuppertal, Gespräch am Nebentisch

Mann: »Junge Dame, wie ich zufällig mithören konnte, haben Sie soeben einen Kaffee mit Hafermilch bestellt. Jetzt habe ich mich gefragt, ob Sie überzeugte Veganerin sind oder lediglich an Laktoseintoleranz leiden.«

Frau: »Ich bin Veganerin.«

Mann: »Und zack! Vorurteil bestätigt.«

Frau: »Wieso?«

Mann: »Na, weil Veganer immer allen erzählen, dass sie …«

Frau: »Sie haben doch gefragt!«

Mann: »Finde ich nicht gut, anderen seine vermeintlich moralisch erhabene Lebensweise aufzudrängen. Gefällt Ihnen wohl gut auf Ihrem hohen Ross? Ich erzähle doch auch nicht allen Leuten, dass ich Fleisch esse. Obwohl ich es tue. Und das nicht zu knapp! Milch sollte man allein wegen des Kalziums trinken. Kennen Sie Michel Petrucciani? Ein bekannter Jazzpianist mit Glasknochenkrankheit. Der hat bestimmt auch immer nur Hafermilch …«

Frau: »Bitte reden Sie einfach nicht weiter!«

Mann: »Na, da müssen Sie gar nicht so ruppig werden. Denken Sie einfach mal drüber nach! Aber wie gesagt, muss ja letztlich jeder selber wissen. Man muss die Dinge ja auch nicht zerreden.«

2

Ein Café in Köln. Eine Frau (um die 45) kommt auf mich zu.

Dame: »Entschuldigung. Könnten Sie vielleicht ein Foto von mir und meinen Mädels machen?«

Ich: »Klar, gern.«

Dame: »Hihi! Das wird super. Wir stellen uns jetzt hinter die Glasscheibe und tun dann so, als wären wir Schaufensterpuppen.«

Ich: »Klasse!«

Dame: »Wir sind nämlich ein bisschen crazy.«

3

Ein Café in Wuppertal. Zwei junge Herren sitzen dort und trinken Espresso. Für lange Minuten sitzen sie schweigend da und blicken aus dem Fenster. Irgendwann wird die Stille durchbrochen …

Mann 1: »Kennst du Pina Bausch?«

Mann 2: »Nö.«

Dann erneut zehn Minuten Stille. Ein Feuerwerk der Emotionen! Beide schauen erneut aus dem Fenster, und der Dialog scheint seinen Höhepunkt erreicht zu haben. Die Faktenlage ist klar, und nichts deutet darauf hin, dass einer der beiden sich nun in wilden Abschweifungen über das Lebenswerk Pina Bauschs oder die Wuppertaler Kulturlandschaft verliert. Schon jetzt bin ich zutiefst beeindruckt von diesem Gespräch. In Zeiten, wo jedweder Mensch zu allgemeiner Geschwätzigkeit tendiert und zu allen gesellschaftlichen Themen seine belanglose Meinung in die Welt posaunt, bildet diese stoische Ruhe einen wundervollen Kontrast. Bin vollkommen gefesselt und jederzeit bereit, einen potenziellen Feuilleton-Podcast der beiden zu abonnieren: Gespräche über Kunst. Folge 1: »Kennst du Wim Wenders?« *»Nö.« Eine neue Ästhetik gelebter Dialogverweigerung. Doch plötzlich die Wendung …*

Mann 2: »Was macht die denn so?«
Mann 1: »Früher Tanztheater. Ist aber schon tot.«
Mann 2: »Du kennst Leute!«

4

Ein Café in Münster, Gespräch am Nebentisch

Er: »Eine spannende Beziehung lebt doch von Reibungen. Wie sagt man so schön – Gegensätze ziehen sich an. Ich glaube, da ist viel Wahres dran.«
Sie: »Okay.«
Er: »Ich meine, so eine gewisse Dualität im Denken und Handeln. Widersprüchlichkeiten! Unterschiede, Divergenzen, Kontraste …«
Sie: »Und Synonyme!«
Er: »Was?«

5

Ein Café in Berlin, am Nebentisch ein erstes Date …

Er: »Und was machst du so?«

Sie: »Eigentlich habe ich Marketing studiert, aber dann habe ich mir irgendwann eine gewisse Reichweite auf Instagram aufgebaut und …«

Er: »Oh, da bin ich aber gespannt.«

Sie: »Also ich mag das Wort *Influencer* nicht, aber ich reise viel, mache Fotos, vermarkte mich selbst, verkaufe Produkte …«

Er: »Wow. Und wie funktioniert das so?«

Sie: »Also ich mag das Wort *netzwerken* nicht, aber im Prinzip bin ich mit vielen Leuten aus der Kosmetik- und Modebranche verbunden, weil ich mir über die Monate eine wahnsinnig tolle Community aufgebaut habe.«

Er: »Klingt doch super. Und wofür stehst du so?«

Sie: »Ich mag das Wort *Authentizität* nicht, aber ich bin da halt, wie ich bin. Immer echt, ungefiltert und absolut persönlich.«

Er: »Aha.«

Sie: »Und was machst du so?«

Er: »Im Prinzip so was Ähnliches. Ich habe einen Bauernhof mit eigener Schlachterei. Dort ziehe ich Tiere auf, töte und verarbeite sie und verkaufe die einzelnen Fleischlappen dann an willkürliche Leute.«

Sie: »Wow!«

Er: »Ja, total authentisch! Aber ich mag das Wort *Metzger* nicht.«

DER FLÜGELSCHLAG DES TRICERATOPS

Und am Ende ist das Lachen deines Kindes die einzige Währung, die existiert. Ich lese diesen liebevoll mit bunten Fingerfarben geschriebenen Satz auf den Fensterscheiben des Kindergartens, und alles, was ich denke, ist: Oh mein Gott. Wie süß ist das denn! Normalerweise treiben mich diese sentimental-poetischen Postkartensprüche in den Wahnsinn, aber heute bin ich durchaus empfänglich für Kitsch. Der neue Kindergarten ist großartig. Mein Sohn fühlt sich pudelwohl, und man kann die Arbeit der Menschen hier gar nicht genug wertschätzen. Ohnehin ist das bewährte Konzept Kita schlichtweg genial. Eine zeitlich beschränkte, jedoch gesellschaftlich vollkommen akzeptierte Babyklappe. Kinder sind wundervoll, doch es ist auch schön, wenn sie für ein paar Stunden aus dem Haus sind. Natürlich wäre ich gern einer dieser superhappy Bloggerdaddys, die den ganzen Tag feixend mit *den Kids* im Garten spielen, Baumhäuser bauen, lachen, basteln, im Gras tollen und die wuselige *Family-Time* genießen. Aber spätestens als die Kindergärten während der Pandemie für einige Wochen geschlossen waren, erwischte ich mich schon häufig bei dem Gedanken, dass ich für eine temporäre Alien-Entführung meines Sohnes durchaus aufgeschlossen wäre. Auch bei einem mysteriösen, in der Einfahrt parkenden Lieferwagen hätten die Alarmglocken nicht mehr allzu schrill geklingelt. Und irgendwann habe ich im Halbschlaf versucht, das Darknet zu finden, um eine Art Schwarzmarkt-Kita in einem verlassenen Industriegebiet ausfindig zu machen. Dann habe ich mich für meine Gedanken geschämt, mich für einen schlechten Menschen gehalten und die Story einer Freundin erzählt, die ich seit Jahren für die perfekte Mutter halte, die, von Liebe beseelt, niemals etwas Schlechtes über ihre Kinder denken würde. Ich rechnete mit einer empörten Brandrede – darüber, dass ich ein verantwortungsloser Vater sei, dass Elternschaft eine Lebenseinstellung sei und ich die Zeit doch bitte 24/7 genießen sollte. Sie meinte dann aber bloß, meine Gedanken seien völlig normal. Nur die Fantasie mit den Aliens wäre etwas seltsam. Bei ihr waren es Orks.

Langsam öffne ich die Tür der *Kita Sonnenschein* und schaue mich um. Gestern bat mich die Gruppenleitung meines Sohnes zum persönlichen Vieraugengespräch. Man wolle sich mal in Ruhe zusammensetzen und die Situation beraten. In meinem Kopf rattert es bereits. Was es wohl zu besprechen gibt? »Herr Salmen, wir müssen mit Ihnen reden. Das Kind ist hochbegabt, wir raten ihm, die Schule zu überspringen und umgehend Atomphysik zu studieren.« Ich schließe das aus. Ich glaube nicht, dass mein Sohn hochbegabt ist. Würde im Vertrauen sogar vielmehr von Tiefbegabung reden. Beispiel: Vor einiger Zeit hat ein guter Freund ihm *Schere, Stein, Papier* beigebracht. Das Spiel bereitet dem Kind große Freude, das Problem: Wir spielen es seitdem jeden Tag, und er nimmt ausschließlich Stein. Es treibt mich in den Wahnsinn. Zunächst hielt ich es für ein taktisches Kalkül, eine den Gegner zermürbende strategische Maßnahme. Irgendwann, im alles entscheidenden Endspiel, wenn sich der Kontrahent auf der Siegerseite wähnt, käme der unerwartete Überraschungseffekt. Aber die einfache Wahrheit ist: Das wird niemals passieren. Das Kind liebt Steine.

Es muss also andere Gründe haben, dass ich hier bin. Vielleicht habe ich als Vorbild versagt, und das Kind hat groben Mist gebaut. Im Wesentlichen glaube ich, das komplexe System *Erziehung* schon ganz gut im Griff zu haben, und agiere stets mit einer gesunden Mischung aus bedingungsloser Liebe, Verständnis und angemessener Autorität. Gestern Abend erst habe ich dem bitterlich weinenden Sohn eine halbe Stunde lang erklärt, dass er erst einen Schokoriegel bekommt, wenn er vorher etwas Vernünftiges isst. Nach einer gefühlten Ewigkeit hatte er ein Einsehen und entschied sich für Streuselkuchen. Wie gesagt: Ich habe alles im Griff. Zwischendurch muss ich durchaus improvisieren, um das Kind von meinen Vorstellungen zu überzeugen, doch da muss man eben kreativ sein. Schön war zum Beispiel folgender Dialog:

Ich: »Komm, Kind! Wir gehen schlafen.«
Sohn: »Aber ich will nicht ins Bett. Ich möchte Saurier spielen.«
Ich: »Alles klar. Ich bin Brachiosaurus und du ein Velociraptor. Beide sind tierisch müde und gehen pennen.«
Sohn: »Juhu! Supercool!«
Was soll man sagen? Funktioniert wunderbar, und vielleicht werde ich doch noch Vater des Jahres. Dieses Kind liebt Saurier über alles. Seine größte Leidenschaft: Dinos und Ringkämpfe! Manchmal kriechen wir stundenlang durchs Haus, spielen Triceratops, stoßen uns mit fiktiven Hörnern die Köpfe, wälzen

uns herum und verlieren uns in einer endlosen Dino-Schlacht. Früher ein für mich müheloses Unterfangen, aber mit fortschreitendem Alter gewann das Kind durchaus an physischer Robustheit, und mittlerweile sind die Kämpfe recht anstrengend geworden. Da ich keine Vorstellung davon habe, ob der Sohn seine Kraft selbst gut einschätzen kann, war ich besorgt, dass er bei Dino-Kämpfen mit anderen Kita-Kindern etwas übertreiben könnte. Mit mir kann er es machen, aber einem Dreijährigem würde er mit derlei Wumms wohl den Schädel zertrümmern. Ich überlegte, wie ich als verantwortungsvoller Vater angemessen reagieren könnte, und besann mich meiner eigenen Kindheit. Als junger Knabe war ich fasziniert von Karate-Filmen. In der fernöstlichen Kampfkunst wurden Werte wie Respekt und Ehrerbietung vor dem Gegner stets großgeschrieben. Vielleicht sollte dies der Schlüssel sein! Fortan führte ich also bei allen Triceratops-Kämpfen das Ritual ein, dass wir uns vorher ein Küsschen geben, uns lange umarmen, verbeugen und uns gegenseitig *einen fairen Kampf* wünschen. Ich hielt mich für den besten Vater der Welt, denn dieses Zeremoniell klappte wunderbar, und die Abläufe waren irgendwann verinnerlicht: Umarmung, Küsschen und zack … aufs Maul!

Noch immer sitze ich im Flur des Kindergartens und verliere mich in sonderbaren Mutmaßungen. Ist das Kind kaputt? Hat es irgendwelche sichtbaren Mängel? Ich denke nach. Die Entwicklung meines Sohnes ist eigentlich völlig normal. Ein fröhlicher, sozial umgänglicher Junge mit viel Humor und den normalen sprachlichen Sonderheiten wie »Ich möchte kein Brot. Ich möchte zwei Bröter!«. Einzig fällt mir auf, dass er eine leichte P-Artikulationsschwäche aufzuweisen scheint. Bommes, Birat, Bampelmuse – da war schon viel Schönes dabei. Neulich hat er eine Wildkatzendoku mit mir geschaut. Kurz darauf krabbelte er auf dem Boden, fauchte wild herum und brüllte in regelmäßiger Sequenz: »Ich bin ein Boomer!« Hätte ihn durchaus korrigieren können, aber mir gefiel die Vorstellung, wie er nun allabendlich in seinem Zimmer alte Kabarett-CDs hört, sich einen *Fuck you, Greta*-Aufkleber auf die Stützräder klebt und Dinge murmelt wie: »Nee, nee! Als ich in eurem Alter war …«

Was kann bloß der Grund für dieses Vieraugengespräch sein? Mein Sohn hätte mir doch längst erzählt, wenn er etwas angestellt hätte. Außerdem ist das Kind der schlechteste Lügner aller Zeiten. Neulich habe ich eine Schüssel mit Gebäck auf den Wohnzimmertisch gestellt. Als ich eine Stunde später erneut den Raum betrat, waren alle Kekse weg. Dann folgendes Gespräch:

Ich: »Hast du heimlich alle Kekse gegessen?«
Sohn: »Nein, das stimmt nicht! Ich war das nicht! Ich lüge!«

Ach, dachte ich, er macht es mir erstaunlich leicht, ihn zu entlarven. Aber irgendwas muss er angestellt haben. Waffenhandel? Illegales Glücksspiel? Und was mache ich, wenn er rausfliegt? Wie finde ich bloß so schnell einen neuen Kindergartenplatz in der Nähe? Am Ende muss ich ihn in eine andere Stadt schicken, und mein Sohn wird der erste Kita-Pendler aller Zeiten. Eine skurrile Vorstellung, wie er da jeden Morgen mit Aktenkoffer und der Bahncard 100 im Brustbeutel im überfüllten ICE nach München sitzt und ich ihn abends um 22 Uhr wieder am

Wuppertaler Bahnhof abhole. Aber gehen wir mal nicht vom Schlimmsten aus.

Was können sie bloß von mir wollen? »Die Situation beraten«? Vielleicht geht es gar nicht um meinen Sohn, sondern um meinen mangelnden Einsatz im Elternbeirat. Die Kritik wäre durchaus angemessen. Ich würde mich durchaus mehr engagieren. Zwar mag ich sämtliche Kinder und Erzieher wahnsinnig gern, das Problem sind eher die anderen Eltern. Kontakt versuche ich da an sämtlichen Stellen zu vermeiden. Am liebsten würde ich den Sohn morgens frisch geduscht mitsamt seinen Tupperdosen per Katapult in die Kita befördern, doch vermutlich käme das Jugendamt ins Spiel. Andere Eltern sind sonderbar, und anscheinend fällt es mir schwer, im Umgang den richtigen Ton zu treffen. Grob erinnere ich mich an ein kurzes Gespräch. Letzte Woche unterhielt ich mich beiläufig mit einem anderen Vater im Flur – ein mir bis dahin völlig fremder Mann. Zunächst der übliche Small Talk, dann schaut er auf meinen Sohn und stellt die obligatorische Frage: »Und wollt ihr noch ein zweites Kind?« Im Kopf ging ich folgende Antwortmöglichkeiten durch:

1. »Nur, wenn das eine kaputtgeht.«
2. »Lieb, dass du fragst, aber das eine vernachlässigen wir schon genug.«
3. »Nee, ich war noch nie so der Sammler-Typ.«
4. »Wir probieren es seit drei Jahren, aber ich krieg durch das ganze Koks einfach keinen mehr hoch.«
5. »Wir kennen uns seit fünf Minuten. Das geht dich einen Scheißdreck an, du indiskreter Eumel!«

Nach einigem Abwägen entschied ich mich für: »Langsam wird's zu eng im Keller.« Ein Fehler, wie sich herausstellte, denn der Mann hatte jetzt nicht so viel Humor und stampfte empört davon. Vielleicht hätte ich angemessener reagieren können. Aber ich gelobe Besserung und werde an meinem sozialen Interaktionsverhalten arbeiten. Eltern machen mich sonderbar aggressiv. Ständig heißt es: »Na, du Lauser!«, »Mats, du Klettermaxe« oder »Wo ist denn mein kleiner Minimensch?«. Eltern, die ihre Kinder »Minimensch«, »die Kurze« oder »kleiner Mann« nennen, sind mir grundsätzlich suspekt. Finde es nicht gut, Menschen nur auf ihre Körpergröße zu reduzieren. Kinder nennen ihre Eltern doch auch nicht »Schlaks-Leute«, »Lulatsch-Mutter« oder »Giganten-Günther«. Generell sind mir Kosenamen immer eine Spur zu niedlich. Der vierjährige Sohn und ich siezen uns seit geraumer Zeit, und diese emotionale Distanz tut uns beiden gut. Aber muss ja jeder selber wissen.

Überhaupt ist hier alles sehr niedlich. Es fängt schon beim Namen an. In der *Kita Sonnenschein* besucht mein Sohn die Schmetterlingsgruppe. Zwar ein schöner Name, aber irgendwie verklärend. Grottenolm-Gruppe hätte ich durchaus passender gefunden, doch wer bin ich zu urteilen? Ich schaue mich um: Auf einem Poster an der Wand erneut ein Zitat: *Das Lächeln eines Kindes sagt mehr als tausend Worte.* Vollkommener Unsinn, denke ich. Das Lächeln eines Kindes sagt: Ich führe was im Schilde. Zwar bin ich niedlich und unscheinbar, aber wäre ich auch nur einen Meter größer, würde ich alle töten, und jetzt kauf mir dieses verdammte Eis, du erbärmlicher Versager, der mich ungefragt in diese völlig abstrakte, reizüberflutete Welt geworfen hat, ansonsten vergesse ich mich und werde dich vor den Augen wildfremder Menschen bloßstellen, peinigen und als völlig überforderten Vater dastehen lassen, bis du am ganzen Körper zitterst und würdelos um Gnade winselst. Und jetzt diene mir, höriger Knecht!« Das sind 82 Wörter. Das Poster lügt.

Plötzlich öffnet sich die Tür, und vor mir steht Frau Jahnke, die Grottenolm-Gruppenleitung. Sie wirkt sonderbar freundlich. »Herr Salmen, da sind Sie ja. Kommen Sie rein!«

Ich gehe in das kleine Büro und setze mich auf einen viel zu kleinen Stuhl. »Was ist denn passiert?«

»Ach, ist nur das übliche Jahresgespräch.«

»Gab es keine besonderen Vorfälle? Drogen? Szenen der Gewalt?«

Frau Jahnke lacht. »Ach, nur Kleinigkeiten. Im Grunde ist er ein friedlicher Junge. Bloß einmal hat er einem Kind hinterrücks von hinten eine Schippe übergezogen, ihm dann ein Küsschen gegeben und gesagt: ›Ein fairer Kampf!‹ Haben Sie eine Idee, woher das kommt?

»Puh! Keine Ahnung«, sage ich. »Steckt man nicht drin. Kinder halt. Bestimmt bei Janosch aufgeschnappt … Sie machen hier übrigens einen richtig tollen Job! Wollte ich mal loswerden. Mein Sohn fühlt sich wahnsinnig wohl.«

»Danke. Haben Sie nicht Lust, dem Elternbeirat beizutreten? Nächste Woche sind Wahlen. Ist auch wirklich nicht viel Arbeit. Zwei Mal im Jahr trifft man sich mit den anderen Eltern und plant dann ein bisschen.«

»Puh«, sage ich. »Zwei Mal im Jahr ist schlecht. Da habe ich immer Tennis.«

»Was?«

»Nichts. Zwei Mal im Jahr ist recht. Ich frag auch mal den Dennis. Grad der Kontakt zu den anderen Eltern ist mir besonders wichtig. Ist doch schön, wenn man sich engagieren kann, um gemeinsam das Umfeld unserer kleinen Mäuse und Minimenschen mitzugestalten. Hach, die frechen Lauser!«

Das Ende der Geschichte in aller Kürze: Zwei Wochen später bin ich Elternbeiratsvorsitzender. Als unbekannter Underdog ging ich ins Rennen, konnte aber durch Esprit, Charme und knallharten Wahlkampf überzeugen und war außerdem der einzige Bewerber. Auch mal schön. Zu Hause angekommen, öffne ich den Briefkasten. Eine Mahnung! Anscheinend hatte ich vergessen, die Dauerüberweisung zu verlängern, und der Kindergarten hat seit zwei Monaten keine Monatsbeiträge mehr erhalten. Keine Absicht, aber ich fühle mich trotzdem schlecht. Ich mache ein Foto meines debil grinsenden Sohnes, öffne mein Mailprogramm und tippe: »Und am Ende ist das Lachen deines Kindes die einzige Währung, die existiert.«

REALISTISCHE NAMEN FÜR KINDERGÄRTEN

- Die sieben Blagen
- Mumpsbude
- Bazillentaler Spatzen
- Die kleinen Masernfucker
- Kfz-Zwergstatt (inkl. Reparaturcafé)
- Brut d'Argent
- Schneiderei & Masernfertigung (mit Kinderarbeit)
- Hast du mal 'ne Krippe?
- Wicht am Ende des Tunnels
- Gezüchteküche
- Konstantin Popel
- Prepper Wutz – Jetzt wird gebunkert!
- Rotznasen & Trotzphasen
- Bengel und Völkers (für junge Liberale)
- Pimpfzentrum
- Drei Kurze an der Minibar (Kita & Kneipe)

- Knilcheinschuss
- Kita Bohlen (musikalische Früherziehung)
- Räuber Rotzenplotz
- Brutspendezentrum
- Gör, you know it's true
- Verzogenaurach
- Der Wurmbau zu Babel (religiöser Schwerpunkt)
- Laus und Braus
- Hort Seehofer (konservative Ausrichtung)

RESIGNIERSTUNDE

Die Begeisterung meines Sohnes für mein literarisches Schaffen hielt sich bislang sehr in Grenzen. Schon als Baby hat er immer geweint, wenn ich ihm selbstverfasste Geschichten vorgelesen habe, mittlerweile ist er fünf, und erst neulich ergab sich ein sonderbarer Dialog während einer Autofahrt. Ich: »Es regnet.« Er: »Ach, Papa! Du und deine Regengeschichten.« Dieses Kind scheint kein Freund von allgemeiner Geschwätzigkeit. Recht hat der Mann! Stille muss man auch mal aushalten können. In meiner monumentalen und vor Dramatik kaum zu überbietenden Geschichte *Es regnet* kamen zudem weder Piraten, Ritter noch Dinosaurier vor, was quatsch ich den Mann also voll? Wahrscheinlich fehlte das gewisse Pathos! Neulich hat er einen schönen Satz im Film *Tabaluga* aufgeschnappt. Der Satz lautet: *Ich bin ein Gott, und ihr seid kleine Ratten.* Mein Sohn benutzt diesen Satz nun recht häufig. Ob beim Bäcker, zur Begrüßung in der Kita oder wenn die Zeugen Jehovas klingeln, ständig heißt es: »Ich bin ein Gott, und ihr seid kleine Ratten.« Der Junge hat ein feines Gespür für Rhetorik.

Ohnehin ist mein Sohn innerhalb der Familie der wesentlich kreativere Part. Vermutlich wird er eines Tages in meine beruflichen Fußstapfen treten. Neulich hat er sich seine erste eigene Geschichte ausgedacht. Hier der Versuch einer Nacherzählung: »Es waren einmal ein Gespenst [kurze Pause] und ein

Roboter. Sie waren Freunde, aber … [erneut Pause] äh, das Gespenst hieß Platsch, und der Roboter hieß Plutsch. Und dann sagte das Gespenst zum Roboter: ›Hallo, ich bin ein Gespenst‹, und der Roboter sagte zum Dino [mit schriller Stimme]: ›Hallo, ich bin ein Roboter.‹ Ja … äh, dann kämpften sie. Super! UND DANN … [sehr lange Kunstpause] kam ein Wolf und verspeiste sie.«

Vermutlich besser als alles, was ich jemals geschrieben habe. Keine Ahnung, wo der Dino plötzlich herkam, aber da soll die Literaturkritik drüber streiten. Charakterzeichnung und Plot schon jetzt deutlich über meinem Niveau. Vor einigen Monaten habe ich mein erstes Kinderbuch geschrieben. Zwar kommen keine Monster oder sprechenden Tiere darin vor, aber immerhin ein Kran. Vorwiegend habe ich das Buch für meinen Sohn geschrieben, denn er liebt Kräne, und ich erhoffte mir, dass er nach Jahren der Verweigerung endlich meinen Beruf respektiert. Meine Tätigkeit ist für ihn durchaus abstrakt und nicht wirklich nachvollziehbar. Die Eltern seiner Freunde gehen morgens aus dem Haus, fahren irgendwohin und gehen einer seriösen Arbeit nach, ich hingegen habe mein Büro im Dachgeschoss und trage die meiste Zeit einen Bademantel. Einmal erklärte ich ihm, dass ich Autor bin, aber er hat natürlich nur Auto verstanden und hielt mich dann wochenlang für eine Art Transformer, der tagsüber die Rolle des unscheinbaren Familienvaters einnimmt und sich dann nachts in einen klobigen Fiat Multipla verwandelt. Vermutlich der traurigste Superheld aller Zeiten: »Rennt um euer Leben, ihr Schurken! Brumm! Brumm!«

Kurz vor der Veröffentlichung des Kinderbuches erkundigte sich der Verlag, ob ich grundsätzlich bereit wäre, Publikumslesungen anzubieten, und ob ich mit dem Werk eine kleine Lesetour machen könnte. Einige Buchhandlungen hätten durchaus Interesse bekundet, und da ich ohnehin ein erfahrener Vorleser sei, wäre das doch eine schöne Gelegenheit. Ich bejahte umgehend und hatte keinerlei Einwände. Nichts ist großartiger, als Geschichten zu erzählen und dabei mit anderen Menschen ein kulturelles Gemeinschaftserlebnis zu genießen. Ein zwar naheliegender, jedoch nicht ganz unwichtiger Faktor einer anstehenden Kinderbuchtour kam mir da allerdings viel später in den Sinn und ließ mich daran zweifeln, ob ich die Entscheidung nicht bald bereuen sollte: Zu einer Kinderbuchlesung kommen vorwiegend Kinder. Eine durchaus fragwürdige Zielgruppe. Schon die eigenen Kinder sind manchmal schwer zu bändigen, ab einer Anzahl von zwei Stück artet es in Chaos aus. Fragen über Fragen: Was für Kinder gehen auf Lesungen? Bringen sie ihre Eltern mit oder stehen da gleich so intellektuelle Fünfjährige mit Cordsakko und Seidenschal vor mir? Gibt es am Ende eine Fragerunde, und wird dann einer aufstehen und sagen: »Hallo in die Runde! Ich bin der Ludwig, gehe in die 1. Klasse und würde gern wissen, ob Sie bewusst einen Einstieg *in medias res* gewählt haben. Und warum – ausgehend von der Erzähltheorie nach Genette – haben Sie sich fast durchgehend für eine interne Fokalisierung entschieden?« Und was mache ich, wenn keiner zuhört? Zur Not könnte ich wie ein alteingesessener Vertretungslehrer den Fernsehwagen mitbringen und eine Folge *Peppa Wutz* zeigen. Ja, so sollte es klappen.

Wenige Tage später war es so weit. Es regnet, bin wie immer viel zu früh und betrachte das Schild über dem Eingang: *Der Bücherwurm*. Frage mich, was es eigentlich mit dem Zusammenhang von Literatur und ekligen Tieren auf sich hat? Bücherwurm, Leseratte … Was kommt als Nächstes? Schmökerschabe? Lektürelurch? Wälzerwombat? Ich bin verwirrt. Vor der Buchhandlung steht bereits eine Mutter mit ihrem Kind. »Guck mal! Da ist der Autor«, sagt sie zu ihrem Sohn. Brumm, brumm!, denke ich. Der etwa Siebenjährige sieht mich an. »Hallo!«, murmelt er. »Mensch, was haben Sie denn für Wetter mitgebracht?« Irgendwie lustig, wenn Kinder solche Erwachsenen-Floskeln benutzen. Wer weiß, vielleicht blickt der Junge schon morgens aus dem Kinderzimmerfenster, betrachtet den morgendlichen Schauer und murmelt fröhlich: »Herrlich, der Rasen hat's gebraucht!« Ach, ich und meine Regengeschichten.

Da kommt auch schon der nächste Zuschauer. Ein junger Mann um die dreißig, allerdings ohne Kinder. Puh, denke ich. Endlich normale Leute! Der Mann sieht mich freundlich an und sagt: »Finde das richtig gut, dass du immer noch in so kleinen Läden auftrittst.« »Danke«, antworte ich. »Das freut mich.« Er nickt. »Nee, wirklich. Ich mag es einfach familiärer. In so großen Theatern würde da viel an Charme verloren gehen. Schön, dass du so geerdet geblieben bist.« Cool, denke ich. Ich liebe es, wenn Leute meinen ausbleibenden Hype als Bodenständigkeit interpretieren.

Wenig später sitze ich im Backstage. Noch dreißig Minuten bis zum Aufritt. Ich greife nervös zu meinem Smartphone, bin allerdings schnell genervt, denn seit einiger Zeit wird mir auf Facebook ständig Werbung für eine App angezeigt, die diverse Sachbücher auf fünfzehn Minuten Lesezeit komprimiert. Dämliche Optimierungsgesellschaft! Hoffentlich sterben wir alle aus. Man kennt es: Wie oft sitzt man abends auf der Couch, liest ein gutes Buch, blendet seine Umgebung aus und denkt sich danach: Oh, wie ärgerlich! Was habe ich hier wieder Lebenszeit verschwendet. Aber vielleicht gehe ich da zu negativ ran. Vermutlich lesen wir alle zu viel. Besonders junge Menschen sollten endlich mal von diesen überflüssigen Büchern wegkommen und was Produktives machen. Am Ende entwickeln sie noch so was wie Fantasie und Einfühlungsvermögen. Plane nun, das Konzept dieser App auf Kinder- und Jugendbelletristik zu erweitern. Wobei mir fünfzehn Minuten noch zu lange sind. Ich denke, drei Sätze sollten reichen. Hier einige Beispiele:

- *Der Grüffelo*: Seltsame Maus erfindet einen fiktiven Freund, um sich im Wald zu behaupten. Am Ende blickt keiner mehr durch, und alle werden schizophren. Insgesamt sehr creepy.
- *Der Wolf und die sieben Geißlein*: Listiges, aber vollkommen unmotiviertes Raubtier bricht in Tiny House ein, um sieben Ziegen zu schnabulieren, findet eine aber nicht. Schon groß, so 'ne 1-Zimmer-Bude! Am Ende Blutrache, Bauch auf, Brunnen, bam!
- *Die kleine Raupe Nimmersatt*: Raupe hat Hunger und frisst irgendwelches Zeug. Am Ende ist sie dick. Quelle surprise!
- *Dornröschen*: Tollpatschiges Mädchen muss trotz auf-

erlegtem Fluch mal wieder alles anpacken, greift in eine Spindel und schläft dann für immer ein. Ein tapferer Prinz rettet sie, indem er die unbekannte schlafende Frau auf den Mund küsst. Übergriffiges Arschloch, meine Meinung.

- *Benjamin Blümchen*: Sprechender Elefant mit erhöhtem Blutzuckerspiegel erlebt diverse Abenteuer mit seinem minderjährigen Freund Otto. Leichter Pädo-Touch, aber muss jeder selber wissen. Törööö!

Es geht los. Die Inhaberin des Ladens moderiert mich freundlich an und weist auf die anschließende Signierstunde hin. Na klasse! Solche Signierstunden sind oftmals recht desillusionierende Angelegenheiten, möchte nicht gar von *Resignierstunden* sprechen. »UND JETZT BEGRÜSSEN SIE DEN AUTOR: PATRICK SALMEN!« Ich betrete die kleine Bühne, setze mich an den Tisch und schaue mich um. Vor mir sitzen exakt die drei Personen, denen ich bereits am Eingang begegnet bin. Fragen über Fragen: Wird der Erfolg mich verändern? Ich begrüße die Runde und erzähle einige Anekdoten. Das Publikum wirkt freundlich und durchaus aufgeschlossen. Dann lese ich erste Kapitel vor und vernehme bereits nach einigen Minuten ein sanftes Schnarchen aus der ersten Reihe. Erste Reihe klingt ein wenig unpassend, wenn es keine zweite Reihe gibt. Den jungen Herrn habe ich also bereits verloren. Sei der Schlummer ihm gegönnt. Das Schnarchen wird lauter. Bleiben noch zwei Zuschauer übrig. »Gibt's bis hierhin Fragen?« Der kleine Junge sieht auf: »Das Buch ist total langweilig. Passiert da noch was?« Literaturkritik ist auch nicht mehr das, was sie mal war, denke ich. Spontan beschließe ich, die Lesung ein wenig zu kürzen und einige Kapitel zu überspringen, aber so richtig überzeugt wirkt er immer noch nicht. Erneut eine kritische Rückfrage: »Kommen da irgendwann mal Dinos?« Du kleiner Lektürelurch!, denke ich und sage: »Das mit dem Kran war ein Scherz. Kommen wir zu meiner eigentlichen Geschichte, *Das Gespenst und der Roboter*. Es waren einmal ein Gespenst und ein Roboter. Sie waren Freunde. Das Gespenst hieß Platsch, und der Roboter hieß Plutsch. Und dann sagte das Gespenst zum Roboter: ›Hallo, ich bin ein Gespenst‹, und der Roboter sagte zum Dino: ›Hallo, ich bin ein Roboter.‹ Dann kämpften sie. UND DANN kam ein Wolf und verspeiste sie.«

Die Stimmung kocht! Ich klappe das Buch zu und verbeuge mich. Standing Ovations. »Voll cool!«, sagt der Junge und überredet seine Mutter, ein Buch zu kaufen. Ha, denke ich, ich bin ein gemachter Mann! Who the fuck is Sebastian Fitzek? Ich überreiche dem kleinen Jungen das Buch. Er wirkt noch immer wahnsinnig glücklich. »Das war echt supercool. Aber wo kam eigentlich der Dino her?« Tja, denke ich, Willkür, du Wombat! »Können Sie mir noch eine Widmung reinschreiben?« Ich nehme den Stift und setze an: *Ich bin ein Gott, und ihr seid kleine Ratten.*

ACH, DIESE LUFT!

Im Wohnzimmer eines kleinen Bauernhauses, zwei Frauen sitzen gemeinsam am Tisch, im Hintergrund spielen die Kinder.

»Hach, gemütlich habt ihr es hier. Danke für die Einladung!«

»Wir wollten ja eigentlich nie aufs Land, aber irgendwann … CARLOTTA, NIMM DIE FINGER AUS DER NASE … hat's uns dann doch gereizt. Schon schön, diese Ruhe!«

»Vor allem für die Kinder ist es doch …«

»Ja, für die Kurze ist es toll. Und diese Luft!«

»Für uns wäre das ja nichts. Aber wir haben jetzt den Schrebergarten für uns entdeckt … NOAH, EINE GABEL IST KEIN SPIELZEUG! Ist zwar viel Arbeit, doch man kann am Wochenende wirklich abschalten. Einfach mal den Kopf freikriegen.«

»Herrlich! Muss dir unbedingt mal meine *Hygge*-Zeitschriften leihen.«

»NOAH, NIMM DIE KATZE AUS DEM MUND! Fehlt euch denn nichts?«

»Ach du, die Vorteile der Stadt haben wir eh nicht so genutzt. Man geht ja jetzt nicht jeden Tag ins Restaurant oder auf Konzerte. Und wenn, dann fährt man mal die dreißig Minuten!«

»Toll, euer Leben!«

»Und wollt ihr noch ein zweites Kind?«

»Bisschen indiskrete Frage, oder? Ich mein, wir kennen uns

erst seit zwei Wochen. Vielleicht bin ich schon in den Wechseljahren, oder der Jochen kann einfach nicht mehr so, wie er möchte … das müsste ich dir dann nun alles erzählen, du taktloses Stück …«

»Entschuldigung!«

»Mach doch nur Spaß! Aber jetzt, wo du gefragt hast, also wenn's nach mir geht, schon … NOAH, DIE JUBILÄUMSEDITION VON SUHRKAMP IST KEIN AUSMALBUCH … aber Jochen ist mit der Arbeit so eingespannt, und bevor wir dann in alte Rollenbilder verfallen ... Er würde ja schon gern mehr mithelfen.«

»Hach, die Karriere! Aber weißt du was? Erst durch die Kinder habe ich gemerkt, was das Leben so wertvoll macht! CARLOTTA, NIMM DEINE DRECKSPFOTEN WEG! Da wirken doch alle Sorgen im Leben plötzlich so marginal … UND HÖR AUF, DEN NOAH MIT DEM STAUBSAUGERKABEL ZU WÜRGEN! …«

»Toll, wie die Kleinen sich verstehen.«

»Wir könnten ja mal was ohne die Kinder machen.«

»Och, so gern … JETZT NIMM DEN KOPF AUS DEM THERMOMIX! … mögen wir euch auch nicht.«

»Was?«

»Einfach süß, die beiden!«

KLEINSTADTHELDEN

Ein milder Sommerabend im August, der Sohn liegt zusammengekauert im Buggy und schnarcht. Vermutlich ist er aus dem Gefährt rausgewachsen, denke ich, während ich auf seine herausbaumelnden Beine schaue, die seit Minuten über den rauen Asphalt schleifen. Gemächlich schlendere ich durch mein Szeneviertel, beobachte das hektische Treiben auf den Straßen und lausche den pulsierenden Klängen der Stadt. Klingt schön, ist aber gelogen, denn mit Szeneviertel meine ich Vorortwohnsiedlung, und mit pulsierenden Klängen meine ich absolute Stille, denn die Menschen schlafen bereits oder spielen im Wohnzimmer Kniffel. Es ist wirklich erschreckend ruhig hier. Plötzlich steht eine ältere Dame vor mir und schaut irritiert in meinen Buggy. Sie lächelt. »Ach, das ist ja schön, dass Sie sich als Mann so einbringen und Ihrer Frau ein wenig Arbeit abnehmen.« Endlich sagt es mal jemand, denke ich. Eine vollkommen angebrachte Würdigung meiner zermürbenden Aufopferungen als geschundener Ehemann. Einfach mal abends spazieren gehen! Da kenne ich nichts.

Schon absurd, aber hier in der Kleinstadt sind Männer mit Kinderwagen nach wie vor ein seltener Anblick. Das liegt allerdings weniger an rückständigen und reaktionären Ansichten jüngerer Einwohner, sondern primär am hohen Altersdurchschnitt der restlichen Bevölkerung. Geschlechterrollen sind etwas tief Verwurzeltes, und Menschen ab einem gewissen Alter sind es eben nicht anders gewohnt. Beim Anblick von Männern mit Kinderwagen scheint es beim Großteil einiger Menschen bloß zwei Arten von Blicken zu geben:

1. Wow, ein echter Teufelskerl! Toll, diese modernen Männer. Seht nur, wie er ganz allein einen Wagen schiebt und seiner Frau einen Job oder ihren wohlverdienten Zumba-Kurs ermöglicht. Man überschütte diesen tapferen Superhelden und selbstlosen Vorzeigefeministen mit Gold und Anerkennung. Fein, ganz fein!
2. Voll der Psycho! Seine Frau ist bestimmt karrieregeil oder crackabhängig und hat die beiden sitzen gelassen. Ich denke, er wird alle töten.

Das Verhältnis liegt etwa bei 60:40. Allein letzte Woche habe ich diverse Erziehungsratschläge, zwei Komplimente und die Telefonnummer einer örtlichen Suchtprävention bekommen. Noch verwirrender scheint übrigens bloß der Anblick eines Mannes zu sein, der das Kind soeben in der Kita abgeliefert hat und nun auf dem Rückweg mit einem LEEREN Buggy durch die Altstadt schlendert. Hier gibt es exakt eine Art von Blick: »Sieh nur, Mechthild! Ein Pfandflaschensammler.« Aber damit kann ich leben. Zwei Mal fand ich bereits Leergut im Kinderwagen, und die Kohle nehme ich doch gern mit.

Alles auf die Provinz zu schieben wäre zu leicht. Noch vor wenigen Monaten habe ich im Herzen der Großstadt gewohnt, und selbst im angeblich so progressiven Umfeld meines links-grün geprägten Akademikerviertels bemerkte ich die verwirrten Blicke, wenn ich mit dem Sohn auf dem Spielplatz war. Bärtige

Männer gelten in der Nähe von Kindern als bedenklich, und da wird man durchaus mal kritisch beäugt. Fragen über Fragen: Was führt er im Schilde? Hat er auffällig viele Gummibärchen dabei? Wo steht sein Lieferwagen? Aber ich will mich nicht beschweren. Auf der anderen Seite gab es viel positiven Zuspruch. Als Mann, der sich für einige Minuten beim Anschaukeln seines Kindes blicken lässt, konnte ich die Früchte gesellschaftlicher Anerkennung ernten, die meine Frau über den gesamten Rest des Tages mühsam erlesen hat. Alle dachten: Oh, wie süß – ein Vater! Er macht irgendwas!

Ehrlicherweise muss man ja sagen, dass Männer in Elternzeit furchtbar anstrengend sind. Denn was machen Frauen in Elternzeit? Sich um Kinder kümmern, den Haushalt schmeißen und viele andere Dinge, die Männer auf den ersten Blick nicht sehen. Was machen Männer in Elternzeit? Darüber reden, dass sie gerade in Elternzeit sind. Warum kann man als Mann Gleichberechtigung nicht einfach vorleben, ohne dabei so ein Getöse zu machen? Ständig heißt es: »Nein! Ich bin schon seit Jahren überzeugter Feminist! Für mich als Mann ist die Elternzeit eine Selbstverständlichkeit. Mehr Eindrücke aus dieser entbehrungsreichen Zeit demnächst auf meinem YouTube-Kanal *Vaterjahre*, dem Interview-Podcast *Daddy macht das schon* (Spotify Exclusive) und in meinem neuen Buch *Papa allein zu Haus – der ultimative Erziehungsratgeber.* Und im Sommer erscheint dann mein Netflix-Special: *Schief gewickelt II – Jetzt wird's richtig crazy*. Pure Vorfreude! Wie gesagt: kein großes Getöse. Einfach machen! Das haben unsere Frauen verdient.«

Ich streife weiter durch die Siedlung und erkunde die Gegend. Das Kapitel *Großstadtleben* ist vorerst vorbei, und nun hat es mich in ein verschlafenes Örtchen mit 30 000 Einwohnern verschlagen. Trotz anfänglicher Skepsis fühle ich mich erstaunlich wohl und genieße die Ruhe. Viel los ist hier nicht, aber momentan tut mir das erstaunlich gut. Meine Zweifel und Ängste vor diesem Schritt waren jedoch nicht unberechtigt, denn zu viele Klischees über Kleinstädte, Dörfer und Vororte hatten sich in meinem persönlichen Umfeld bewahrheitet. Die meisten Menschen hier sind allerdings vollkommen aufgeschlossen, weltoffen und rücksichtsvoll. Klar, die demografische Struktur einer Kleinstadt ist eine andere, und das Stadtbild wird weitestgehend von grau melierten Rentnern in beigen Anoraks vor der örtlichen Tchibo-Filiale geprägt. Die Geschäfte hier tragen Namen wie *Herrenmode Ulf* oder *Der Metzger: Fleisch und Wurst*, was jetzt bei einem Metzger nicht sonderlich überraschend ist. Überraschend wäre *Der Metzger: Fleisch, Bürobedarf und Damenmode für Mollige*. Ich schweife ab.

Noch immer flaniere ich durch die neue Hood und überlege, was wohl mein zwanzigjähriges Ich denken würde. Vielleicht bin ich längst der kleinbürgerliche Langweiler geworden, vor dem ich mich damals gegruselt habe. Irgendwann trifft es doch jeden. Früher noch alternativer Establishment-Gegner mit linken Idealen, und früher oder später wählt man doch die CDU, hat eine überdachte Wäschespinne im Garten und steht samstags unterm Carport, um fröhlich pfeifend die Familienkutsche mit dem Hochdruckreiniger zu waschen. Mein Fazit nach einigen Monaten: So schlimm ist es nicht gekommen. Dem Münzsammlerclub oder örtlichen Schützenverein bin ich noch nicht beigetreten, erste Anzeichen meiner inneren Boomerisierung habe ich hingegen erschreckend anstandslos akzeptiert. Erst kürzlich habe ich beispielsweise meinen falschen Stolz überwunden und mir vollkommen unironisch eine signalfarbige Jack-Wolfskin-Jacke bestellt. Ach komm, dachte ich mir, optisch ist das mehr als fragwürdig, aber bevor du dich bei langen Spaziergängen wieder erkältest! Was juckt dich dein Geschwätz von gestern? Diese aufgesetzt-erzwungene Antihaltung bringt doch auch niemanden weiter. Sollen die garstigen Berufszyniker ruhig ihre Witze machen. So viele Göttergattinnen und deutsche Mittvierziger-Manfreds können sich geschmacklich nicht irren! Vor meinem geistigen Auge sah ich mich bereits als atmungsaktiver Abenteurer durch das Dickicht kämpfen. Nur ich und der Wald! Entgegenkommende Wölfe hätte ich beiläufig und mit einem Verweis auf mein kesses Tatzen-Logo gegrüßt. »Oha«, hätten sie gesagt, »man lasse diesen flauschigen Wandersmann passieren! Er ist einer von uns!« Spalier hätten sie gestanden und mir respektvoll zugenickt. Alles hätte so schön werden können. Zwei Tage später jedoch habe ich den Karton ausgepackt, bin kurz darauf aus Versehen auf die Luftpolsterfolie getreten und habe mich vor dem Knall so sehr erschrocken, dass ich mich der Länge nach hingelegt habe, mit dem Kopf an die Wand geknallt bin und danach etwa zehn Minuten regungslos auf dem Boden lag. Ich habe nie an höhere Mächte geglaubt, aber das Schicksal wollte mir wohl sagen, dass ich noch nicht bereit für die Wildnis bin und sich meine innere Manfredisierung noch etwas gedulden muss.

Wie gesagt: Ich fühle mich erschreckend wohl in der Kleinstadt. Inzwischen habe ich eine angenehme Art von Vertrautheit zu diesem Ort entwickelt, mich erstaunlich gut eingelebt und großartige Menschen kennengelernt. Nachdem ich zuvor viele Jahre in einem vollkommen durchgentrifizierten, von Bars und hippen Boutiquen durchsäumten Yuppie-Viertel im Herzen der Großstadt gewohnt habe, muss man sich natürlich ein bisschen umstellen. Wobei damals auch viele Klischees im Spiel waren und diverse Vorstellungen von Metropolbewohnern, wenn sie an Dörfer und Kleinstädte denken, ohnehin völlig überholt sind. Als würden hier nur konservative Bauspar-Bernds und Gore-Tex-Gabis in Doppelhaushälften mit Schottergarten, Gabionen und einer lieblos dahingeklatschten Yuccapalme im Vorgarten wohnen. Alles Vorurteile. Ich streife weiter, bleibe stehen und schaue mich um: Vor mir eine Doppelhaushälfte mit Schottergarten, Gabionen und einer lieblos dahingeklatschten Yuccapalme im Vorgarten. Verdammt, denke ich, das kann doch nicht wahr sein. Das Fenster zur Straße ist mit einer seltsamen Schriftfolie beklebt. Von außen gut lesbar das Wort: *Kitchen.* Ich denke nach, und mein innerer Schlaufuchs verrät mir, dass es sich hier also durchaus um das Küchenfenster handeln könnte. Vollkommen irritiert stelle ich mir den Dialog des im Haus lebenden Paares kurz nach dem Einzug vor:

»Sören, ich muss dir etwas sagen!«

»Was ist denn los, Mausebär?«

»Unser Haus ist richtig schön geworden. Besonders von innen.«

»Bist ja auch ’ne kleine Dekomaus. Da hast du dich mal

wieder selbst übertroffen. Um unser Wandtattoo zu zitieren: *Home is where your heart is.*«

»Find ich auch. Aber es gibt da etwas, was mich belastet. Oft stehe ich abends beschwipst vor der Haustür und weiß dann nicht mehr, wo die Küche ist. Können wir das nicht irgendwie von außen aufs Fenster …«

»Bist du bescheuert? Dann sieht das wieder irgendein hämisches Arschloch und schreibt da eine Geschichte drüber.«

»Aber da gibt es doch diese sichtschützenden Steinzäune. Ich hol uns mal ’nen soliden Meter.«

»Hach, Wiebke. Du hast einfach immer die besten Ideen.«

Inzwischen sind das Kind und ich wieder daheim. Vorsichtig lege ich den Sohn ins Bett, mache das Licht aus, und nach einiger Zeit schlafe ich ebenfalls erschöpft ein. Mensch, was habe ich mich als liebender Vater heute wieder verausgabt!

Am nächsten Vormittag sitzen der Sohn und ich in der Eisdiele. Zufrieden knabbert das Kind an einer frischen Waffel mit Schlagsahne. Nach einiger Zeit macht sich leichte Unruhe breit, denn ich habe nicht genug Geld dabei und der Sohn ist bitterlich enttäuscht, weil er als Nachtisch keine sieben Kugeln Eis mehr bekommt. Er kriegt einen völlig angemessenen Wutanfall, windet sich auf dem Boden und schreit herum. Unseriöses Verhalten, denke ich. Was sollen denn die Leute denken? Mein Sohn ist nicht grad für seine unaufgeregte Rationalität bekannt, aber heute scheint er besonders wütend. Erzürnt schaut eine ältere Frau am Nebentisch in unsere Richtung und brüllt: »Ja, mein Gott! Bekommen Sie doch mal Ihr Kind in den Griff. Wo ist denn die Mutter?«

Zunächst glaube ich, mich verhört zu haben, bemerke allerdings an ihrem Blick: Sie meint es vollkommen ernst. Ich bin empört, kann mich aber halbwegs zusammenreißen und rufe: »Die hat was von Gleichstellung gefaselt, wurde dann entsprechend gemaßregelt und bügelt jetzt meine Unterhosen.« Das habe ich natürlich nicht gesagt. Nur gedacht. Gesagt habe ich: »Gute Frau, ich habe dieses Kind in einem Weidekörbchen am Fluss gefunden. Seine Mutter hat ihn verlassen. Seit einigen Wochen ziehe ich ihn groß, aber es ist wahnsinnig mühselig. Wir haben kein Geld, denn in Zeiten des Überflusses habe ich meine Reichtümer unter den Armen und Bedürftigen verteilt.« Ich weine. Die Frau weint auch und kauft uns anschließend zwei riesige Pinocchio-Eisbecher.

1:0, denke ich. Zufrieden schlecken wir unser Eis, und für einige Minuten ist die Welt wieder vollkommen in Ordnung. Auf dem Heimweg jedoch fängt das Kind urplötzlich an zu weinen und zittert am ganzen Körper. Das habe ich natürlich vorhin nicht bedacht, denn wie sich herausstellt, ist er nun überzeugt, keine Mutter mehr zu haben. »Papa, ist Mama in den Wolken?«, fragt er. »Nein, beim Zumba-Kurs«, sage ich. Ich erkläre ihm mein souveränes Schauspiel von vorhin und gelobe, fortan keine Witze mehr über das Ableben seiner Mutter, geschweige denn anderer nahestehender Verwandtschaft zu machen. Kinder haben keinerlei Zugang zu Satire und vor allem kein Ironie-Empfinden. Ich sollte mich schämen, doch just in diesem Moment registriere ich, dass den Sohn das fiktive Dahinscheiden seiner Mutter keineswegs emotional berührte, als er noch mit dem Verzehr seines Pinocchio-Eisbechers beschäftigt war. Dieser kleine Judas, denke ich. Wir stehen bereits vor der Haustür, und ich verspreche ihm, drinnen nichts von seiner dubiosen Prioritäten-Abwägung zu erzählen, sofern auch er den Mantel des Schweigens über die Vorfälle ausbreitet. Er nickt mir verschwörerisch zu, scheint aber unentschlossen: »Papa, was steht da auf unserer Fußmatte?« »Home is where your heart is«, grummle ich. »Ach, Papa. Wir sind alle verloren!«

WENN KÜCHENGERÄTE BÜROANGESTELLTE WÄREN – EINE TYPOLOGIE

THERMOMIX: »Barbara (43), Buchhaltung. Allseits beliebt, aber oftmals etwas zu bemüht-unverkrampft, lästert gern über die pappigen Muffins und lieblosen Wurstplatten der Kollegen*innen, aber ihr »berüchtigter Carrot-Cake« ist jetzt auch keine Offenbarung. Kümmert sich abteilungsintern um Grußkarten und Betriebsausflüge. Hobbys: Städtereisen mit den »Mädels«, Zumba und ein spannender Krimi von Fitzek. Insgesamt fragwürdig.

MIKROWELLE: Jaromir (42), hat sich aus dubiosen Gründen in die IT-Abteilung gemogelt. Keiner weiß, was er tut, doch diese geheimnisvolle Aura macht ihn firmenintern zum Sexsymbol. Wird »der Magier« genannt, hat aber mal das Darknet gesucht und nach einigen Sekunden entnervt aufgegeben. Die Eingabe www.darknet.de führte ins Leere. Enttäuschend!

EIERKOCHER: Günther (64), von seinen Kollegen nur Günni genannt, arbeitet im Archiv. Eigentlich sieht man ihn nur auf Weihnachtsfeiern und im Betriebsrat. Mag den Charme der Bonner Republik, Butterbrot und die Farbe Beige. Hat sich bei einer Demo mal an den Karstadt angekettet, um den stationären Einzelhandel zu retten.

SPARSCHÄLER: Zoé (23), Grafikdesignerin. Liebt geometrische Formen und elegant-zeitlose Typo, hat aber eine witzige Kaffeetasse in Comic Sans (ironisch). Kommt immer mit dem Rennrad zur Arbeit und bringt Kohlrabis, Selleriesticks und »den guten Hummus vom Libanesen« mit. Hobbys: *Tatort* (bewusst ironisch), Poetry Slam (unbewusst ironisch) und die geografische Vielfalt Südostasiens (unbewusst aufrichtig).

WASSERKOCHER: Ulrich (55), Vertrieb. Unscheinbarer Typ und immer am Start, wenn man ihn braucht. Seit 35 Jahren in der Firma und kaum auffällig. Hobbys: solide abliefern.

FRENCH PRESS: Laurent (34), zweifacher Vater und Social-Media-Redakteur. Wollte eigentlich Schriftsteller werden und liebt die Lyrik von Mascha Kaléko. Sieht sich bei Twitter als Speerspitze des Feminismus, Männer in Elternzeit findet er dann aber doch »übertrieben« und »aktionistisch«. Betreut den Facebook- und Instagram-Account der Firma, damit man »den Anschluss nicht verliert«. Er soll mit einem »lockeren selbstironischen Internetauftritt« und »frechen Sprüchen in Jugendsprache« zu einem positiven Markenimage beitragen. Bisher kläglich gescheitert.

KAFFEE-VOLLAUTOMAT: Quentin-Maximilian (32), vollkommen überbezahlter Betriebspsychologe und Prozessoptimierer. Kann zwar kein italienisch, war aber vor zehn Jahren mal in der Toskana, seitdem sind ihm Deutsche zu »steif« und er hasst Menschen, die zu Pasta »Nudeln« sagen. Unbeliebt, weil er ständig seine Bedürfnisse äußert, aber zeitgleich zu faul zum Anpacken ist. Geschmackloser Typ und menschgewordener Flipchart.

SCHNELLKOCHTOPF: Sybille (45), Chefin. Hat den mittelständischen Betrieb von ihren Eltern geerbt und wollte eigentlich Atomphysikerin werden. Gilt als aufbrausend und hat permanent hohen Blutdruck, einst ambitioniert, scheiterte aber an ihren hohen Ansprüchen. Träume: offener Dialog, flache Hierarchien und ein Tiny House in Brandenburg. Versucht, locker rüberzukommen, und schmeißt deswegen mit *Stromberg*-Zitaten um sich. EIN HUND IM BÜROOO?

SANDWICHTOASTER: Jörg (42), Marketing. Jung gebliebene Erscheinung, wohnt »wegen dem nostalgischen Gefühl« immer noch alleine in seiner alten WG. Beschreibt sich selbst als reflektierten Typen, ist bekennend sapiosexuell, introvertiert und hat Angst vor Telefonaten. Laut Tinderbio mag er »Vinyl, Rotwein und ein gutes Gespräch«. Okayer Typ, oft zugedröhnt.

SMOOTHIE-MIXER: Hatice (34), Logistik. Mag den offenen Dialog und gibt Kollegen gern ungefragt »konstruktives« Feedback. Hat einen Mini Cooper und ein Mousepad mit Hochzeitsfoto. Vermeidet die Kantine und geht lieber mal zu *Hans im Glück* um die Ecke, findet das Ambiente dort total authentisch und die Burger einfach »superklasse«. Ebenfalls fragwürdig.

FRITTEUSE: Erich (52), Buchhaltung. Stimmungskanone. Leicht untersetzt und kurzatmig, aber immer vorzüglich gelaunt. Dank seiner einnehmenden Art »die gute Seele der Abteilung«. Wird stets auf private Geburtstage eingeladen, während Barbara mal wieder in die Röhre schaut. Hat eine eigene Karaokemaschine und immer Bock!

CREMIGE DIALOGE IM CAFÉ III

1

Ein Café in Leipzig, Gespräch am Nebentisch

Sie: »Gehen wir gleich noch zu *Hans im Glück?*«
Er: »Auf gar keinen Fall. Diese Kette muss ein Ergebnis von Elendstourismus sein. Irgendwo sitzt doch jemand und verteilt kostenlose Jochen-Schweizer-Gutscheine für den Schrott. Ich habe das Konzept nie verstanden. Klar wird sich da einer gedacht haben, klatschen wir als Raumtrenner 'nen halben sibirischen Birkenwald in unseren Burgerladen. Vermutlich damit man beim Essen die toten Gesichter nicht sehen muss. Fest steht: Wer dort sitzt, hat sein Leben aufgegeben.«
Sie: »Ein einfaches *Nein* hätte genügt.«

2

Ein Café in Augsburg, Gespräch am Nebentisch

Er: »Ich habe ja jetzt die Gartenarbeit für mich entdeckt. Immer schön, wenn man mal was mit den Händen machen kann. Da sieht man abends, was man geschafft hat.«

Sie: »In der Tat!«
Er: »Ein toller Ausgleich. Da spürt man sich mal wieder.«
Sie: »Du sagst es.«
Er: »Beim wissenschaftlichen Arbeiten fehlt mir einfach das Haptische! Fühlt sich gut an, wenn die Hände abends schmutzig sind.«
Sie: »Ja, das erdet. Am Ende …«
Er: »Am Ende erdet die Erde.«
Zeitgleich an einem anderen Tisch …

Sie: »Hörst du die beiden? Muss erfüllend sein, wenn man beruflich was mit dem Köpfchen machen kann. Vorhin hat er erzählt, dass er in Romanistischer Literaturwissenschaft promoviert. Kann man als Vater bestimmt nur stolz drauf sein.«
Er: »Ach du meine Güte! Vom echten Leben bestimmt keine Ahnung.«
Sie: »Ja, meins wär's auch nicht.«

3

Ein Café in Braunschweig, Gespräch am Nebentisch

Er: »Irgendwann hätte ich schon gern Nachwuchs.«
Sie: »Tut mir leid, aber mit Kindern kann ich echt gar nicht.«
Er: »Ach, das sagen doch alle.«
Sie: »Nee, wirklich. Ich habe mal vor Kurzem auf mein Patenkind aufgepasst, und beim Spielen dachte ich nach zehn Minuten: Boah, ist das langweilig.«

Er: »Der Gedanke ist doch vollkommen legitim.«

Sie: »Dann dachte ich: Wenn diese Dinos jetzt noch einmal mit dem verkackten Bagger fahren müssen, werde ich wahnsinnig.«

Er: »Wie gesagt – nachvollziehbar. In die Rolle wächst man schon rein.«

Sie: »Und dann habe ich mir gesagt: Entweder ich spring aus dem Fenster oder häng mich an Ort und Stelle auf.«

Er: »Vielleicht sollten wir doch noch was warten.«

4

Ein Café in Dresden, Gespräch eines jungen Pärchens am Nebentisch

Er: »Das klingt jetzt vielleicht seltsam, aber … Julia, du bist meine Welt.«

Sie: »Oh!«

Er: »Jetzt, wo ich es ausgesprochen habe, hört es sich plötzlich so kitschig an.«

Sie: »Aber gut, dass es raus ist.«

Er: »Mehr hast du nicht zu sagen?«

Sie: »Ganz ehrlich? Ganz schön groß, so eine Welt. Ich fürchte, das ist mir zu viel Verantwortung. Wenn so eine Welt mal weg ist, bleibt dir am Ende halt nicht viel übrig. Und schon sitzt du mit 'nem Föhn in der Badewanne.«

Er: »Romantik ist nicht so deine Stärke!«

Sie: »Bin nur ehrlich.«

5

Ein Café in Marburg, Gespräch am Nebentisch

Typ: »Kannst du mir mal bitte den Salzstreuer reichen? Wobei … Das heißt ja jetzt Salzstreuerin!« (prustet los)

Frau: »Oh mein Gott! Bis vor Kurzem dachte ich, du wärst so ein richtig steifer Typ. So einen originellen und witzigen Spruch habe ich allerdings noch nie gehört. Noch kann ich den Reiz unterdrücken, aber ich glaube, ich werde jede Sekunde über dich herfallen.«

Typ: »Ja, manchmal haue ich so Dinger einfach raus.«

Frau: »Das macht dich auf eine gewisse Art unfassbar sexy! Ich gehe mal kurz mit meiner Handtasche um die Ecke. Nicht, dass ich hier vollkommen die Kontrolle verliere.«

[Frau steht auf und ward nie wieder gesehen.]

6

Ein Café in Düsseldorf. Am Nebentisch ein erstes Date …

Er: »Zwischendurch mache ich aber auch echt gern Buchhaltung. Steuer, Ablage, Rechnungen – einmal die Woche brauche ich das als Ausgleich. Ich bin da so ein richtiger Nerd.«

Sie: »Interessant.«

Er: »Langweilt dich bestimmt. Bin aber wirklich recht nerdig. Habe früher schon gern Comics gelesen. Mein Onkel hat mir manchmal das *Lustige Taschenbuch* mitgebracht.«

Sie: »Boah, krass. Wirklich richtiger Nerd!«

Er: »Ganz so schlimm ist es jetzt auch nicht. Obwohl … manchmal spiel ich noch *Super Mario* auf meinem alten Gameboy.«

Sie: »Alter! Da dachte ich vorhin: Mensch, der Ulrich! Richtig angepasster Typ, steht mitten im Leben, sozial verträglich, alles völlig normal, keine creepy Interessen – und dann so was. So verwegene Sonderlinge wie du ziehen mich irgendwie an.«

Er: »Echt jetzt?«

Sie: »Ja, aber muss nun trotzdem los. Geh immer einmal im Jahr mit 'ner Freundin ins Kino. Sind da auch voll die Nerds.«

Er: »Wir können uns ja mal wiedersehen.«

Sie: »Och, lass mal. Tschüss!«

[Frau steht auf und ward nie wieder gesehen.]

EINFACH AUTHENTISCH!

Noch immer leicht übermüdet sitze ich im Zug von Dortmund nach München. Mir ist jetzt schon langweilig. Eine gute Stunde bin ich an diesem Montagmorgen bereits unterwegs, aber noch liegen sechshundert Kilometer vor mir, und ich habe im morgendlichen Stress weder Bücher, Zeitschriften noch Kopfhörer eingepackt. Sogar meine flauschige Nackenrolle liegt noch daheim, sodass ich fürchte, jedwede Form von Schlaf könnte in einer ewigen Genickstarre enden. Auch mein iPad habe ich vergessen, aber eigentlich bin ich ohnehin genervt von all den endlosen Serien mit überzeichneten Charakteren, schlechten Dialogen und den stets gleichen Cliffhangern. Was soll ich mich also beschweren?

Zugfahren war für mich als Autor stets ein großer Quell der Inspiration, denn an keinem Ort der Welt kann man so gut Leute beobachten und sich über menschliche Eigentümlichkeiten wundern. Ich könnte die kommende Zeit nutzen, gesellschaftliche Feldstudien durchführen, mich wie ein Naturforscher ins Dickicht schlagen und mit dem Fernglas lustige Leute bei der Nahrungssuche belauern. Stelle mir bereits den Sprecher im Off vor: *Obacht, ein seltenes Exemplar eines Ulfs. Der Ulf schlägt zu, wenn niemand mehr damit rechnet. Erst wenn der kalte Winter naht und der letzte eingetupperte Eiersalat verspeist ist, verschlägt es den endothermen Racken auf die Pirsch in fremde Gefilde, scheu und nahezu lautlos betritt er nun das*

Bordbistro, entscheidet sich für zwei lauwarme Schinken-Käse-Baguettes, zahlt 9,80 Euro und schnappt eiskalt zu. Sichtbar erschöpft von der Jagd kehrt der carnivore Ulf jetzt zu seinem Nest zurück, um mit der erlegten Beute sein Weibchen zu versorgen – eine sogenannte Bärbel, Bekanntschaft der letzten Balaton-Balz. Doch lassen wir die beiden nun friedlich speisen und kehren später zurück … Ich verliere mich hier.

Soeben verlassen wir den Düsseldorfer Hauptbahnhof. Ich schaue mich um. Gegenüber sitzt ein recht seriös wirkender Mann mit Sakko über dem gebügelten Hemd. Auf seinem Schoß ein schlafendes Kleinkind und vor ihnen auf dem Klapptisch jede Menge Holzklötze. Der Mann wirkt vertieft in die *Wirtschaftswoche*, immer wieder schielt er jedoch heimlich auf die bunten Spielzeugsteine. Das Kind schlummert tief und fest und macht keine Anstalten, aufzuwachen. Dann, nach einigen Minuten, legt der Mann die Zeitung weg, fängt an, mit den Klötzchen ein kleines Haus zu bauen, nickt kurz zu mir rüber und murmelt: »Ach, wem mache ich hier eigentlich was vor?« Ich bin begeistert ob dieser drolligen Szenerie und würde ihn eigentlich gern fragen, ob ich mitspielen darf, wenn mir da nicht ein wesentlich wichtigeres Anliegen durch den Kopf gehen würde: Wie bekomme ich diesen fremden Mann überredet, mir sein Kind als Nackenwurst auszuborgen? Form und Größe wären prächtig geeignet, aber wie soll man einen Gesprächseinstieg finden: »Entschuldigung! Mein Name ist Patrick Salmen, und ich interessiere mich für Ihr Kind.« Vermutlich wird er mich für einen Schlepper oder Organhändler halten. Beschließe, das Projekt vorerst aufzuschieben.

Wir erreichen nun den Bahnhof Köln, und bislang scheint diese Fahrt recht harmonisch zu laufen. Mittlerweile habe ich einen Kaffee getrunken, und trotz vollkommener Überbuchung herrscht im Abteil eine angenehme Ruhe. Vielleicht sind Menschen doch gar nicht so schlimm, denke ich. Ich sollte meine grundsätzlich skeptische Haltung überdenken. Manchmal wirken sie nahezu zahm und niedlich. Einzelpersonen sind ohnehin meist vollkommen friedlich, aber nichts kann anstrengender sein als Leute in Gruppen. Eine seltsame Dynamik – als Individuum noch friedlich vor sich hin vegetierend, werden Menschen jedweden Alters und Geschlechts nahezu bizarr animalisch und laut, sobald eine Anzahl von vier Personen überschritten wird.

Die Türen öffnen sich, und das ohnehin schon volle Abteil wird nun von riesigen Menschenströmen überschwemmt. Als hätte ich die Apokalypse heraufbeschworen, bin ich innerhalb weniger Sekunden von einer Horde schwarz gekleideter Fußballfans umgeben. Anscheinend Auswärtsfans auf dem Heimweg vom gestrigen Pokalabend. Sie tragen schwarze Pullover mit altdeutscher Schrift. Im Laufe der nächsten zwei Stunden trinken sie große Mengen an Bier, prosten sich alle zwei Sekunden zu, klopfen sich kraftvoll auf die Schultern und reden in einer grotesk anmutenden Lautstärke. Kleinste gemeinsame Nenner sind die Themen Braukunst, Ballsport und Brüste. Eine durchaus klischeehafte Angelegenheit. Auf anregende Gespräche über Gefühlswelten, saisonale Schnittblumen oder das Spätwerk Simone de Beauvoirs warte ich vergeblich. Doch dann, kurz bevor ich in Mannheim das sowieso bereits viel zu überfüllte Abteil wechseln möchte, die unerwartete Wendung. Ein Großteil der Männergruppe steigt aus, und übrig bleibt nur ein neben mir sitzender Herr mit Vereins- und Bierfahne. Getrennt von seiner Herde wirkt er nahezu befreit, packt umgehend seinen Rucksack aus, isst zufrieden sein Couscous und telefoniert in zarter Stimmlage mit seiner Mutter. Wenige Minuten später fällt er in einen beseelten Schlummer. Sanft schmiegt er sich an meine wärmende Schulter und schnarcht friedlich vor sich hin. Offenbar bin *ich* nun die Nackenwurst. Eine kluge Moral fällt mir jetzt auch nicht ein. *Ich hasse Menschen, es sei denn, sie sind allein* oder *Leute sind laut, außer sie schlafen?* Bisschen dünn, so als Fazit.

Ich bin nahezu enttäuscht. Nicht mal auf einen gegebenen Anlass zu gesundem Menschenhass kann man sich noch verlassen. Wohin soll das führen? Mein Leben wäre viel zu harmonisch, wenn ich mich nicht hin und wieder ein wenig empören könnte. Vielleicht werde ich doch noch zum größten Philanthropen der Neuzeit?! Zwar war die Wut immer so ein wundersam-kreativer Treibstoff, hin und wieder regt man sich schließlich auch gern mal auf, aber vielleicht ist dies ein Anlass, mein Weltbild zu überdenken. Das Problem ist ohnehin, dass ich mich am liebsten über Leute aufrege, die sich den ganzen Tag über irgendwelche Leute aufregen. Faktisch war ich in einer ewigen Spirale von Selbsthass gefangen. In diesem Moment eine Durchsage: »Aufgrund eines Polizeieinsatzes am Stuttgarter Hauptbahnhof kann der Zug leider nicht weiterfahren. Wir bitten Sie um Geduld und werden Sie informieren, sobald es Neuigkeiten gibt.« Um mich herum bildet sich innerhalb weniger Sekunden eine Allianz deutscher Wutbürger, die sich in den üblichen Parolen verliert. »Nie wieder Deutsche Bahn. Da krieg ich soooo ’ne Krawatte! Mensch,

Mensch, Mensch! Ein einziger Scheißverein!« Das muss diese berühmte deutsche Gelassenheit sein, denke ich. So viel Hass in so wenig Kopf! Bald bilden sie eine Bürgerwehr und stürzen den Lokführer, vermute ich. Das ganze Abteil hat sich bereits verschworen. Bloß der Mann neben mir schläft noch immer an meiner Schulter, und Schinken-Käse-Ulf macht ebenfalls keine Anstalten, aus der Haut zu fahren.

Zu viel wurde über die Bahn schon geschimpft. Deutsche TV-Comedy in den 90er-Jahren basierte gefühlt auf einer einzigen Pointe: DIE BAHN HAT MANCHMAL VERSPÄTUNG! Sapperlot, dachte man als Zuschauer. Welch faszinierende Beobachtungsgabe. Vollkommen unnachvollziehbar, dass es im minutiös getakteten Fahrplan eines von unkalkulierbaren Umweltfaktoren abhängigen technischen Verkehrsmittels in einem gigantisch-komplexen Streckensystem hin und wieder zu Abweichungen kommt. Die zweite große Pointe war, dass Zugdurchsagensprecher*innen in deutschen Zügen kein gutes Englisch können. »Sänk you for travelling«, hieß es da immer, und das Publikum johlte vor Freude. Ganze Bühnenprogramme wurden so benannt, und je mehr man darüber nachdachte, musste man wirklich erkennen: Hohoho! Das ist echt sehr witzig, dass betagte Zugbegleiter ohne Erasmus-Studium kein wohlfeil akzentuiertes Oxford English sprechen. Vermutlich habe ich deutschen Humor nie verstanden. Spott und Häme über die Deutsche Bahn war schon immer der große Konsens, aber ich möchte diesen Konzern auch keineswegs verteidigen. Trotz eines zunehmenden ökologischen Bewusstseins in Zeiten des Klimawandels kann man Menschen leider schlecht vom Auto weglocken, wenn es ständig heißt: Von Dortmund nach

München? Klar, für nur 180 EUR, deine ungeborene Tochter und das verschollene Bernsteinzimmer bist du dabei. Willkommen an Bord, kleiner Krösus!

Die Fahrt geht weiter. Die Bürgerwehr zieht sich fürs Erste in ihre imaginären Schutzbunker zurück und scheint vorläufig beruhigt. Nach einigen Minuten verlassen wir den Stuttgarter Bahnhof. Der schlafende Herr neben mir ist inzwischen ausgestiegen. Anscheinend hat es ihn ins Schwabenland verschlagen. Auch der geheimnisvolle Bauklötzchen-Architekt ist verschwunden. Sein Baby hat er offenbar mitgenommen. Ich hasse verantwortungsvolle Eltern. Schaue mich absichernd um, ob er es nicht doch in den Sitzritzen vergessen hat, aber das Ergebnis ist enttäuschend. Das war es dann mit meiner vorgeheizten Nackenwurst! Untreues Pack, denke ich. So viele Stunden haben wir hier alle gemeinsam verbracht, mittlerweile waren wir eine richtige Familie, und jetzt muss ich mich wieder an neue Leute gewöhnen. Einzig Schinken-Käse-Ulf scheint mir bis München die Treue zu halten.

Eine Stunde später. Es ist nicht mehr weit bis nach München. Wir sind bereits in Ulm, und gegenüber sitzen nun zwei junge Herren mit voluminös-welligem Haar. Beide tragen teure Anzüge mit weißen Sneakern, Dreitagebart und Vintage-Brille. Vom Typ her entweder Assistenz-Kieferchirurg, CEO einer Ethikbank oder Gründer einer Firma für kompostierbare Bambuskondome. Bestimmt hören sie progressive Entrepreneur-Podcasts und benutzen regelmäßig das Wort *Mindset*, denke ich und rüffle mich umgehend selbst für mein Schubladendenken. Irgendwann folgender Dialog:

»Ach, schon schön hier. Ich fahre in letzter Zeit oft ganz bewusst in der 2. Klasse. Fühlt sich irgendwie ehrlicher an.«

»Stimmt, sollte man öfter machen. Echte Leute halt.«

»Bin neulich mal mit dem Flixbus gefahren. Da sieht man Existenzen. Kannst du dir gar nicht vorstellen.«

»Aber das macht es eben aus!«

»Ja, einfach authentisch!«

Bin zutiefst beeindruckt. Authentisches Reisen! War kurz davor, die beiden Herren für abgehobene Schmierlappen zu halten, aber dass sie hier mit so einfachen Leuten wie mir abhängen, macht sie plötzlich so nahbar und empathisch. Vielleicht werden wir ja Freunde fürs Leben. Heute noch gemeinsam in der 2. Klasse fahren, und schon morgen essen wir bei Vapiano, übernachten ironisch im IBIS-Hotel und kaufen uns Strickjacken bei s.Oliver. Einfach so menschlich! Doch als ich mich grad wieder unnötig aufregen möchte, kommt mir bereits jemand zuvor. Zoomen wir heran und tauchen ein in eine geheimnisvolle Welt … *Da ist sie wieder – die Bärbel! Erzürnt entreißt sie sich vom Ulfe, schleicht sich mutig an die grasenden Ochsen heran. Nahezu unsichtbar nähert sie sich, plustert ihr Gefieder auf, nimmt ihr inzwischen steinhartes Schinken-Käse-Baguette, holt aus und …* Wie gesagt: Cliffhanger – meins ist das nicht.

FRAGMENTE IN FLEECE

Im Zug nach Berlin. Die Dame vor mir (ca. 50) telefoniert mit einer Freundin. Der Versuch einer Niederschrift …

»Ja, ich bin hier im ICE (…) Ich fröstele richtig. Also irgendwie funktioniert die Heizung nicht (…) Hm (…) Ja, richtig kalt hier, aber Gott sei Dank habe ich meine Fleecedecke dabei (…) Ja, genau. Das ist so Thermo-Fleece (…) Hm (…) Nee, die habe ich mir mal auf Langeoog gekauft. Da war es so frisch am Meer (…) Hm, nee, hätte ich auch nicht gedacht (…) Habe ich jetzt jedenfalls immer mit (…) Ja genau, die gelbe. Ich sag immer – ohne meine Fleecedecke geh ich nicht aus dem Haus. Man weiß ja nie (…) Kann man ja prima zusammenfalten, so 'ne Fleecedecke (…) Hm (…) Hm (…) Habe ich mir jetzt grad schön um die Füße gewickelt. Richtig muckelig warm (…) Hm. Nee, ist wirklich praktisch (…) Ja genau, die Fleecedecke (…) Nee, die nehme ich immer mit. War mal in Italien, und da haben die ja nur so dünne Laken als Decke (…) Ja, oft in den südlichen Ländern (…) Nee, weiß man ja nie (…) Da war ich aber froh, dass ich die Fleecedecke eingepackt habe (…) Ja, richtig. Bei *** haben die ja auch manchmal welche (…) Ich guck mal, Bärbel, dann bring ich dir mal eine mit (…) Nee, wie gesagt, ich habe meine ja auf Langeoog gekauft. In so 'nem kleinen Laden. Richtig süße Sachen hatten die da (…) Ja, genau. Und eben auch die Fleecedecken. Da gab es auch andere Fleecedecken, aber eine reicht ja. Hihi, so groß bin ich ja nicht (…) Nee, was war das 'ne Brise (…) Muss man aber gut abklopfen, so 'ne Fleecedecke, sonst schleppst du den ganzen Sand mit in die Wohnung (…) Hm (…) Ich sag noch zum Günther: Hör mal, kauf dir auch mal so 'ne Fleecedecke (…) Nee, wollte er aber nicht (…) Ich sag: Hör mal, Günther, du holst dir noch den Tod (…) Nee, da hat der aber keinen Vertrag mit (…) Jetzt ist der Empfang irgendwie schlecht (…) Ach so (…) Ja, wegen der Fleecedecke noch mal …«

Ich muss leider in fünf Minuten aussteigen und bin jetzt schon traurig. Dieser Thermo-Podcast holt mich emotional total ab. Wobei mir das Thema Fleecedecken persönlich etwas zu kurz kam.

MEIN DANKBARKEITSTAGEBUCH II

MONTAG: Liebes Tagebuch, wie unsagbar privilegiert ich doch bin, dass ich so einer wundervollen Arbeit nachgehen kann. Als sich ein Zuschauer nach der gestrigen Lesung aufrichtig für meine Arbeit bedankte und erzählte, wie sehr meine Art von Humor ihm in schweren Zeiten geholfen hat, musste ich wieder mal feststellen, wie sehr solch schmeichelnden Worte in mir nachhallen und mich nachhaltig motivieren. Menschen sollten sich wirklich mehr Komplimente machen. Heute Morgen nahm ich mir dementsprechend vor, in dieser Woche mindestens drei fremden Personen meine Wertschätzung auszusprechen und im Idealfall noch am selben Tag damit anzufangen.

Wenig später stehe ich in der Warteschlange beim Bäcker und beglückwünsche eine ältere Dame um die achtzig zu ihrer eleganten Garderobe und der aufwendig arrangierten Hochsteckfrisur. Sie wirkt irritiert, bedankt sich aber höflich und fragt mich, ob wir nicht am Abend noch gemeinsam den neuen Rosamunde-Pilcher-Film bei ihr schauen könnten. Nur wir beide, ein gutes Gläschen Eierlikör und dann mal schauen, was der Abend so bringt. Ich lächele verlegen und ergreife umgehend die Flucht. Es hätte ein schöner Abend werden können, geht mir dann aber doch ein bisschen zu schnell.

DIENSTAG: Ich bin dankbar, dass ich gute Freunde habe. Auch eine Tatsache, die man oftmals für selbstverständlich hält und dann vergisst, sich dann und wann für die jahrelange Loyalität erkenntlich zu zeigen. In einem spontanen Anfall von Sentimentalität beschließe ich, einigen geliebten Menschen einige Überraschungspakete mit schönen Büchern und Süßigkeiten zu schicken. Wenige Stunden später stehe ich am Schalter im Postamt und führe ein verstörendes Gespräch mit zwei Angestellten am Schalter.

Ich: »Guten Tag, ich hätte gern zehn Maxibriefmarken.«

Frau: »Sehr gern.«

Ihr Kollege: »Junger Mann, wenn Sie Briefmarken für Maxibriefe wollen, müssten Sie aber eigentlich nach Maxibrief-Briefmarken fragen. Maxibriefmarken wären ja streng genommen einfach sehr große Briefmarken, und die wiederum ...«

Ich: »Tut mir leid, ich wollte einfach nur Zeit sparen.«

Sie: »Schon okay, ich wusste ja, was Sie wollen.«

Er (zu mir): »Aber Sie verstehen schon, was ich meine. Wenn jemand Maxibriefmarken bestellt, obwohl er eigentlich Maxibrief-Briefmarken ...«

Sie: »ULRICH, HALT DOCH EINFACH DIE FRESSE!«

Na, das nenne ich mal betriebliche Harmonie. Für mich bereits jetzt das Highlight des Tages. Ich bin so unendlich dankbar, dass ich so was erleben darf.

MITTWOCH: Ich bin dankbar für meinen gesunden Körper. Auch einer dieser Sätze, die schön klingen, aber grundsätzlich gelogen sind. Mein Körper ist kein Tempel. Mein Körper ist ein Tümpel. Heute Morgen habe ich mich dazu entschieden, endlich gesünder zu leben. Gedankenverloren stand ich wenig später in der Gemüseabteilung des Supermarktes, um Spinat zu kaufen, als plötzlich ein junger Herr von mondäner Erscheinung suchenden Blickes durch die Gänge streifte. Irgendwann blieb er neben mir stehen, griff entschlossen zum frischen Fenchel, nickte mir freundlich zu und murmelte: »Puh, Abend gerettet!« Natürlich, dachte ich da, wie oft sitze ich abends unzufrieden auf dem Sofa und sinniere: »Was kann mich bloß erheitern? Jetzt 'nen lecker Fenchel knuspern, und die Stimmung würde überkochen.« Es geschah, was geschehen musste. Denn ich bin ein leicht zu beeindruckender Mensch und zudem ein schrecklich eitles Wesen. Als wäre es das Normalste der Welt, griff ich also ebenfalls zum Fenchel und nickte dem Herrn verschwörerisch zu, als wollte ich sagen: »Fenchelfreunde unter sich. Schön, wenn man sich mal trifft!« Wie im Rausch ergänzte ich meinen Einkauf mit einer prätentiösen Pastinake und stolzierte anschließend mit meinem Körbchen triumphierend durch die Gänge. Mein Blick sagte: »Seht her, ihr gewöhnlichen Leute! Die Elite kocht!« Tja, nun sind zwei Stunden vergangen und ich sitze mit meinem dösigen Fenchel zu Hause am Küchentisch. Und was soll ich sagen? Schmeckt vollkommen beschissen. Am Ende wohl auch eine Erkenntnis, für die ich sehr dankbar bin.

DONNERSTAG: Ich muss dringend mehr Sport machen. Seit Wochen war ich schon nicht mehr im Tennisklub, denn dort gibt es ein neues Mitglied und ich hasse den Typ. Der Grund: Er ist der beste Verlierer, dem ich jemals begegnet bin. Pierre und ich hatten damals ein Freundschaftsspiel, und jeden guten Schlag meinerseits kommentierte er mit Sätzen wie: »Gut gespielt, Champion!«, »Wow! Diese Rückhand verdient Respekt und Höchstachtung!« oder »Das war unfassbar präzise! Ich glaube, du bist der beste Tennisspieler der Welt!« Am Ende verbeugte er sich, strahlte bis über beide Ohren und beglückwünschte mich vollkommen aufrichtig zu diesem spannenden Match, das er in drei Sätzen mit jeweils 0:6 verloren hat. Ich bin überzeugt: Gute Verlierer führen etwas im Schilde. Entweder haben sie mal jemanden umgebracht und versuchen das nun durch übertriebene Freundlichkeit zu kompensieren oder sie sind einfach sehr dumm. Diese Höflichkeit ist furchtbar entwaffnend und herzlich, aber zu einem guten Tennismatch gehört in meinen Augen auch eine solide Form von aufrichtigem Hass. Heute raffe ich mich mal wieder auf, und wer erwartet mich da strahlend? Der Pierre. Sein erster Aufschlag kommt mit präziser Wucht, doch mit einem Rückhand-Slice kurz hinters Netz kann ich ihn erwidern, und Pierre hat keine Chance, an den Ball zu kommen. Er lächelt und sagt: »Patrick! Das war kein Slice. Das war nah an der Perfektion. Glückwunsch!« Ich breche das Spiel umgehend ab, denn spätestens jetzt bin ich überzeugt: Der Mann ist ein Psychopath und Serienmörder. Ich bin dankbar für diese Erkenntnis.

FREITAG: Meine Harmoniesucht wird mir noch zum Verhängnis. Ich möchte einfach niemanden enttäuschen und vermeide jedwede Konflikte. Im Friseursalon könnten sie mir vollkommen zugedröhnt mit der Effilierschere einen völlig abstrakt-grotesken Haarschnitt verpassen, der mich beim Anblick im Spiegel umgehend erschaudern und an ein Gemälde von Jackson Pollock erinnern ließe, und ich würde trotzdem sagen: »Oh, klasse! Sieht super aus. Besonders die Löcher!« Heute Morgen erst musste ich mich mit meinem Internetanbieter auseinandersetzen. Meine Gedanken vor dem Telefonat: Nichts funktioniert bei diesem Drecksladen. Ich bin so wütend! Das kann sich wirklich keiner vorstellen, wie wütend ich bin! Ich rufe sofort beim Kundenservice an und falte die Strolche zusammen. Alles unfähige gottlose Hunde. Jetzt gibt's Krawall!

Wenige Minuten später am Telefon folgender Monolog: »Hallo! Es tut mir total leid, dass ich Ihre wertvolle Zeit in Anspruch nehme. Sie machen nur Ihren Job und sind bestimmt der liebenswerteste Mensch auf Erden. Eigentlich rufe ich bei solchen Kleinigkeiten gar nicht an, aber ... Ach, vergessen Sie es einfach. Bitte fühlen Sie sich gedrückt, kleiner Mausepups! Hiermit verlängere ich meinen Vertrag um zwanzig Jahre und versprechen Ihnen mein ungeborenes Kind. Ich liebe Sie!« Tja, denke ich nach dem Auflegen, ich denke, das wird diesen Dreckkonzern ordentlich eingeschüchtert haben. Gelebte Konsequenz! Bin nun dankbar für meinen neuen und wesentlich teureren Mobilfunktarif!

SAMSTAG: Am Abend habe ich eine Lesung. Viele Menschen sind gekommen, und die Show läuft super. Nach der Veranstaltung steht eine junge Frau vor mir am Büchertisch und lächelt mich an. Sie ist unwahrscheinlich attraktiv. Dann folgender Dialog:

Sie: »Das war wirklich richtig witzig. Ich glaube, du bist ein sympathischer Typ! Würde dich jetzt irgendwie voll gern noch auf ein Getränk einladen.«

Ich: »Wow! Danke.«
Sie: »Leider habe ich keine Zeit. Tschüss!«

Auch für mich ein neuer Tiefpunkt. Bekomme schon Körbe von Frauen, die ich nicht einmal aktiv anspreche.

SONNTAG: Denke an meinen Vorsatz für diese Woche, und mir fällt auf, dass da noch zwei Komplimente fehlen. Wenige Stunden später sitze ich im Taxi und lobe den Fahrer für seine antizipierende und besonnene Fahrweise, was ihn nicht sonderlich beeindruckt und außerdem gelogen ist. Also lenke ich das Gespräch auf seinen guten Geschmack bei der Parfümauswahl und rühme den dezenten Einsatz der olfaktorisch anmutigen Flüssigkeit, was ebenfalls gelogen ist. Er schweigt zunächst und murmelt irgendwann: »Erstens bin ich verheiratet, und zweitens is' dat 'n Duftbaum, du Otto.« Nun gut, denke ich, vielleicht habe ich falsche Signale gesendet. Wohlwollend betrachtet, war ich diese Woche ein sehr höflicher und kommunikativer Mensch. Negativ gesehen, ein seltsamer Kauz mit Senioren-Fetisch und einer Vorliebe für penetrante Zitrusdüfte.

Leicht desillusioniert rufe ich am Abend bei meiner Familie an und sage meinem fünfjährigen Sohn, dass ich ihn wahnsinnig liebe. Er wirkt verwirrt, faucht durchs Telefon und brüllt: »Ich bin ein Scharfzahn! Ich werde dich töten!« Und ein passenderes Ende wäre mir jetzt auch nicht eingefallen.

GÜNTHER

Jochen kam recht unerwartet in mein Leben. Ich wollte meinem Sohn zum Geburtstag eine besondere Freude bereiten. Eigentlich hatte er nur zwei anspruchslose Wünsche, und jetzt galt es, sich zwischen einem Haustier oder einem Geschwisterchen zu entscheiden. Na, wenn es denn sonst nichts ist! Das Kind ist durchaus bescheiden. Nun musste man abwägen: Hunde und Katzen mag ich zwar gern, bin aber allergisch und muss ständig niesen. Außerdem wird man als Hundebesitzer immer von willkürlichen Passanten vollgequatscht. Ständig würden Leute stehen bleiben, das verwirrte Tier streicheln und flüstern: »Ja, fein! Das ist ja ein ganz Braver! Was ist das denn für eine Rasse?« »Keine Ahnung. Vermutlich Hund!«, müsste ich dann sagen. »Und mit Begriffen wie *Rasse* würde ich ein wenig aufpassen.« Fest stand also: Hund scheidet aus.

Mit so einem Baby würde allerdings alles wieder von vorne anfangen. Habe ich mit dem Fünfjährigen doch gerade erst gemeinsame Interessen entwickelt und ein angenehmes Level der Kommunikation erreicht, würde es die nächsten Jahre wieder heißen: »WIE MACHT DIE ENTE? *Quack* macht die Ente! WIE MACHT DIE KUH?« *Muh* macht die Kuh!« Deep Talk geht anders. Ich sehe es schon bildlich vor mir: Ich sitze vor einem vollkommen desinteressierten Säugling, vergesse jedwede Selbstachtung, verstecke mein Gesicht hinter den Händen und brülle begeistert: »Wo ist der Papa? DA ist der Papa!«

Und das Baby würde denken: Alter Mann, was hat dich nur so kaputt gemacht? So langsam habe ich das Prinzip verstanden.

Wobei so ein Baby auch Vorteile hat. Es bellt niemanden an, haart nicht und muss zur Kotierung nicht bei Regen vor die Tür. Außerdem wird man als verzweifelt wirkender Vater mit einem Kleinkind im Tragetuch bei Behördengängen und an der Supermarktkasse oftmals vorgelassen. So ein Baby ist im Prinzip ein menschgewordener Schwerbehindertenausweis. Ein weiterer Vorteil wäre, dass ich schon bald wieder mit geschwellter Brust vor meinen Bildungsbürgerfreunden behaupten könnte: »Dieses Jahr habe ich bereits zweihundert Bücher gelesen!« Was nicht gelogen wäre, denn diese Pappbilderbücher für Babys haben oftmals nur sechzehn Seiten. Da ist die Pappe schnell mal fünf Zentimeter dick, und bei der Schriftgröße dachte der weitsichtige Verlagsmitarbeiter: »8000 müsste passen!« Das eigene Lesepensum wird da schnell mal in die Höhe geschraubt, während die Freunde sich wochenlang an Marcel Proust und Leo Tolstoi abmühen. Das erste Buch, das ich meinem Sohn damals gekauft habe, bestand tatsächlich bloß aus drei Textseiten. Da war dann jeweils ein Bild von einem Apfel, einer Birne und einer Banane. Zu meiner Überraschung trug das Buch den Titel *Obst.* Da hat der Verlag durchaus mitgedacht, denn inhaltlich hätte ich es sonst wahrscheinlich ständig mit der *Unerträglichen Leichtigkeit des Seins* verwechselt. Jedenfalls gab es da diese drei Seiten mit den Obstbildern, und darunter stand dann jeweils folgender Text: *Apfel, Birne, Banane.* Eine durchaus reduzierte Sprache, dachte ich, wenn man dem Buch eines nicht vorwerfen konnte, dann, dass hier niemand zum Punkt kommt! Am lustigsten fand ich aber tatsächlich den Fakt, dass auf der Rückseite des Buches neben einer Illustratorin ein Autor aufgeführt wurde, war ich doch davon ausgegangen, dass es sich dabei um ein und dieselbe Person handeln musste. Aber anscheinend dachte die durchaus als inselbegabt einzustufende Zeichnerin: Mir fehlt hier noch ein guter Text. Ich frag mal den Jochen! Und so setzte sich Jochen W. eines Tages mit Feder und Tintenfass in sein Schreibstübchen, trank ein gutes Glas Rotwein, sinnierte ein Weilchen und setzte dann zu einem der größten Würfe deutschsprachiger Literaturgeschichte an und schrieb: *Apfel, Birne, Banane.* Schon bald würde es im Babybücher-Feuilleton heißen: »Jochen! Ein ewig verkanntes Genie, und mit *Obst* hat er sich einfach selbst übertroffen.«

Die Entscheidung war also gefallen. Die Vorteile überwogen. Meine Frau willigte ebenfalls begeistert ein, was in dem Fall eine gute Grundlage war. Dubios, dass andere Menschen die weitere Lebensplanung für mich übernehmen, aber am Ende bin ich Demokrat. Zwar fragte ich mich schon, was mein Sohn mit einem kleinen Geschwisterchen anfangen sollte? Sauron ist fast sechs Jahre alt und wäre somit aus der Perspektive eines Babys ein erwachsener Mann. Man hätte zwei gute gemeinsame Jahre im heimischen Elternhaus, und dann würde der Große losziehen, sich ein kariertes Kurzarmhemd kaufen und eine Ausbildung zum Steuerberater machen. Es geht doch alles so schnell! Gerade heißt es noch: »Yeah! Dinos und Pokémon!«, und nur wenige Augenblicke später sagt man Sachen wie: »Mahlzeit! Uwe, ich habe dich jetzt mal ganz unverbindlich in CC gesetzt.« Das Baby und er hätten sich jedenfalls schnell auseinandergelebt.

Aber nun ist ein wenig Zeit verstrichen. Jochen ist inzwischen drei Monate alt, und obwohl ich anfängliche Zweifel hatte, dass ich dem ganzen Trubel nicht gewachsen sein könnte, kann ich mir ein Leben ohne ihn mittlerweile gar nicht mehr vorstellen. Natürlich heißt Jochen nicht wirklich Jochen, ich bin ja kein Unmensch, und man muss es mit den Retronamen nicht übertreiben. Es ist etwas kompliziert – er ist adoptiert, hatte aber einen furchtbar komplizierten Namen, den niemand aussprechen konnte, und so wurde er auf Umwegen zu Jochen. Um hier allerdings Missverständnisse aus dem Weg zu räumen: Jochen ist unser neuer Staubsaugroboter. Am Ende war ein zweites Kind dann doch ein zu großer Schritt, um ihn auf der Tageslaune eines Fünfjährigen basieren zu lassen, und ich war mir sicher, dass Jochen das perfekte Geschenk für meinen durchaus elektronikaffinen Sohn ist, denn Saurons Begeisterung für Technik zeichnete sich schon früh ab: Einmal die Woche ist im Kindergarten *Spielzeugtag,* und die Kinder dürfen ihre liebsten Sachen von zu Hause mitnehmen. Einmal stand mein Sohn bereits angezogen im Flur und hielt freudestrahlend unser Laminiergerät unterm Arm. Warum denn auch nicht?

Ich malte Jochen also ein paar treudoofe Hundeaugen auf, und fertig war mein Geschenk. Sauron hat sich tierisch gefreut. Das ist eh eine hohe Kunst, die ich beherrsche, dass ich ständig Sachen verschenke, die eigentlich *ich* haben will, und das dann sehr gut als selbstlose Gabe verkaufen kann. Gute Lyrik, Lakritz, Zigaretten – am Ende sind alle zufrieden. Außerdem bekam mein Sohn noch ein paar andere Geschenke, denn Jochen war kostenlos, und das kam damals ziemlich unerwartet. Es gibt Dinge, die sind in der Theorie gut, aber in der Praxis vollkommen untauglich: *Zu verschenken*-Kisten am Straßenrand. Der ursprüngliche Gedanke dahinter: Oh, ich lebe im Überfluss! Meine Wohnung ist voller Dinge, die entweder funktional oder ästhetisch sind, doch ich habe dafür einfach keine Verwendung. Auf dass ich einem unbekannten Menschen eine Freude bereite. Es lebe die selbstlose Nächstenliebe! Die Realität: ein vom Regen nahezu aufgelöster Pappkarton mit einer löchrigen Tennissocke, drei durchgeweicht-zerfledderten Landarztromanen, der VHS-Kassette *Ein Hund namens Beethoven* und einem defekten Eierkocher von 1973 in der Farbe Beige.

In diesem Fall allerdings war es Jochen, der da in der Kiste lag und friedlich auf seinen neuen Besitzer wartete. Dabei lag ein handschriftlicher Brief: *Dieser Staubsaugroboter war zwar sehr teuer, aber ich habe schlechte Erfahrungen mit eBay gemacht und möchte jemandem eine Freude bereiten. Er funktioniert einwandfrei, doch ich hänge emotional noch zu sehr an meinem Kabelgerät und vermisse das klackernde Geräusch, wenn willkürliche Gegenstände durch das Metallrohr poltern (pflupf!). Außerdem fehlt mir das sonderbare Gefühl von Macht und Erhabenheit, wenn ich die manuelle Kabelaufrollautomatik bediene, und am Ende bin ich wohl ein sentimentaler Nostalgiker. Liebe Grüße und viel Freude!*

Leute mit Staubsaugrobotern waren mir immer suspekt. Da mögen viele Vorurteile im Spiel sein, aber so ein modernes Gerät gehörte meiner Meinung nach in Neubaugebiete zu Menschen, die Volker und Kerstin heißen und eine innige Beziehung zu Zierkies haben. Wenige Tage zuvor habe ich mich auf einer dubiosen Garagenparty mal mit einem anderen Mann über Staubsaugroboter unterhalten, und es war das vermutlich langweiligste Gespräch aller Zeiten. Ich hatte keine Ahnung vom Thema und bediente mich lediglich eines Fundus aus Floskeln wie »Teppich ist immer schwierig« oder »wirkt im Gesamtbild schon befremdlich«. Irgendwann hatte das Gespräch seinen Tiefpunkt erreicht, und ich war kurz davor, im Stehen einzuschlafen, also entschied ich mich, die Story ein wenig auszubauen, und behauptete, ich würde jemanden kennen, dessen Staubsaugroboter seine geliebte Katze zerfleddert hätte. Das Tier hätte friedlich in der Ecke geschlafen, dann kam Robot 2000, und ZACK … ein tierisches Blutbad. Mein Gesprächspartner war entsetzt, doch endlich waren hier mal aufrichtige Emotionen im Spiel. Zerfledderte Katzen berühren das Herz!

Meine Story schien allerdings unglaubwürdig, und es hagelte Rückfragen:

»Aber wie soll der die denn zerfleddert haben? So ein Saugroboter saugt doch nur. Da sind schließlich keine rotierenden Messer dran.«

»Ja, doch. Das war eins der damaligen Vorläufermodelle.«

»Wer entwickelt denn so was?«

»Keine Ahnung. Die wollten damals einfach einen Staubsaug- und Rasenmähroboter kombinieren.«

»Wer sind *die*?«

»Chinesen vermutlich. Ist eigentlich ein naheliegender Gedanke. Zwei in eins! Das Amphibienfahrzeug unter den Haushaltsgeräten. Universell einsetzbar auf nasser Wiese und Echtholzparkett. Über die Konsequenzen hat man sich anscheinend keine Gedanken gemacht.«

»Das arme Tier! Warst du dabei?«

»Ja! Es war für uns alle nicht leicht.«

»Habt ihr die Katze beerdigt?«

»Nee, Restmüll! Alles andere erschien uns pietätlos. Da hätte man ja alles wieder zusammenpuzzeln müssen ...«

Langsam, aber sich klang meine Story plausibel. Keine weiteren Rückfragen.

Irgendwie hatte ich schon immer ein Talent, mich aus unangenehmen Situationen zu winden.

Jochen wohnt nun seit zwei Monaten bei uns. Katzen hat er noch keine auf dem Gewissen, was aber wohl primär an der Abwesenheit einer Katze liegt. Meine Begeisterung für Jochen hielt sich anfangs in Grenzen, inzwischen ist er mir allerdings ans Herz gewachsen. Ich glaube, Jochen ist ebenfalls inselbegabt. Saugen klappt gut, bei allem anderen wird's kritisch. Mal das Kind ins Bett bringen oder die Spülmaschine ausräumen, da ist der feine Herr sich zu schade für. Gemütliche Waldspaziergänge scheinen ebenfalls nicht sein Ding. Wenn's auf dem Untergrund auch nur ansatzweise ruckelt, dreht er vollkommen durch, hyperventiliert und bekommt Herzrasen. Er ist einfach kein Mann der Straße. Jochen hat einen sogenannten *Chaos-Modus*, was im Grunde nichts anderes bedeutet, als dass er vollkommen konfus durch die Wohnung schlürft und ohne jedwede Struktur willkürliche Strecken abfährt. Niemand weiß, was er da eigentlich tut, aber irgendwie kommt er damit durch. Ich kenne das von mir selbst. Vielleicht ist Jochen in einer depressiven Phase. Irgendwie macht er sein Ding und versucht, den Alltag zu bewältigen, wirkt dabei jedoch völlig freudlos. Keine Begeisterung, keine Trauer – ein einziger Nullpunkt. Im Grunde gehört dem Mann geholfen. Seine Sozialisierung und ein falscher Stolz verbieten es ihm vermutlich, über Gefühle zu sprechen und Zeit mit Selbstreflexion zu verbringen. Ich würde ihn gern meiner Psychotherapeutin vorstellen. Bloß wie stehe ich dann wieder da?

Und wie ich dies so aufschreibe, muss ich feststellen, dass sich das mit der Therapie erledigt hat, denn soeben ist Jochen von uns gegangen! Eine klebrige Substanz auf dem Boden des Kinderzimmers hat ihn dahingerafft. Eine Legierung aus Klemmbausteinen, Glibberschleim und Knabbergebäck! Jochen hat es nicht gepackt. Ein verzweifelter Versuch, die Ladestation zu erreichen, dann Funkenflug und ein letztes Röcheln. Ruhe in Frieden!

Nachtrag: Sauron hat den tragischen Verlust besser verkraftet, als ich angenommen habe, tröstet er sich doch mit der Tatsache, dass wir uns damals dann doch noch für ein zweites Kind entschieden haben, das wir einstimmig Günther genannt haben. Sauron ist der stolzeste große Bruder der Welt und überschüttet das Baby mit Liebe und Zuneigung. Nun sitzen wir wieder tagtäglich am Babybett, und ständig heißt es: »Ja, WER hat kleine Füße? DU hast kleine Füße! WER hat kleine Füße? DU hast kleine Füße!« Was ist schon Würde? Sauron sitzt meistens neben mir, schaut auf sein Brüderchen und steigt irgendwann mit ein. »Wie macht der Hund? Wuff! Wie macht der Elch? Röhr! Wie macht die Giraffe? Mist! Papa, wie macht die Giraffe?« »Keine Ahnung!«, sage ich. »Da muss die Forschung noch einiges aufholen. Vielleicht ist die Giraffe aber einfach ein sehr schweigsames Tier.« Günther sieht uns irritiert an und wirkt vollkommen unbeeindruckt. Ach, denke ich, was hat uns bloß so kaputt gemacht?

PREKARIAT UND ELITE

Vor einiger Zeit habe ich einen schönen Fund bei eBay-Kleinanzeigen gemacht und eine Kommode erworben. Als ich das feilgebotene Möbelstück dann in einer gehobenen Münsteraner Villengegend abholen wollte, öffnete mir ein freundliches Ehepaar Händchen haltend die Tür. Beide begrüßten mich nahezu simultan mit einer Verbeugung und dem schönsten Zahnpastalächeln der Welt. Anschließend geleiteten sie mich ins große, von Kunstbänden und Architekturmagazinen gesäumte Wohnzimmer. Da stand ich nun und staunte: Es roch nach frischem Fenchel, und die ca. 13-jährige Tochter, die wahrscheinlich Sophie hieß, saß am Klavier und spielte *Comptine d'un autre été* von Yann Tiersen (natürlich), während der etwa 15-jährige Sohn völlig verträumt in einen Roman vertieft war (Freak). Und als wäre dieses Schauspiel nicht grotesk genug, wurde mir dann ein einstudierter Vortrag zur persönlichen Geschichte des geliebten Kleinmöbels und der wiederentdeckten Schönheit von schlichtem 60er-Jahre-Design gehalten. Am häufigsten fielen die Wörter *Haptik* und *Wertigkeit*. Alles wirkte wie ein einziges Theaterstück. Ich zahlte, bedankte mich höflich, wurde an der Tür mit einem Knicks verabschiedet, und man schenkte mir noch einen kleinen Kinderstuhl. »Dann kommt er in gute Hände.« Nahezu beseelt von so viel bildungsbürgerlichem Glanze fuhr ich nach Hause und plante umgehend, mir die Zähne bleichen zu lassen und vorsorglich ein paar Architekturbildbände zu kaufen.

Kurz darauf stöberte ich wieder durch eBay-Kleinanzeigen, wurde erneut fündig und beschloss noch am selben Abend, ein Gästebett in meiner Heimatstadt Wuppertal abzuholen. Ein rustikaler Herr im Unterhemd öffnete die Tür, aschte auf den Klicklaminatboden und sagte dann: »Das Bett ist von meinem toten Opa. Meine Frau sagt, das wäre Jugendstil, aber ich glaube, da können auch Erwachsene drin pennen … Schlechter Scherz meinerseits! Nimm sie mit, die Kiste!« Jetzt weiß ich nicht, welches Schauspiel mir mehr imponierte, fürchte allerdings, ich möchte nun professioneller Möbelhändler in Wuppertal werden.

CREMIGE DIALOGE IM CAFÉ IV

1

Ein Café in Hannover, Gespräch am Nebentisch

Er: »Hach, schon schön, so ein Brunch! Manchmal muss man auch einfach mal in den Tag hineinleben.«

Sie: »Das stimmt. Prost, Jochen!«

Er: »Einfach mal keine Termine und leicht einen sitzen.«

Sie: »Och komm! Bitte nicht dieses dämliche Harald-Juhnke-Zitat. Das ist so ein schöner Satz, doch leider hat er enorm an Wertigkeit eingebüßt, seit jede burschikose Büro-Bärbel diesen Spruch auf ihrer verkackten Kaffeetasse stehen hat, weil sie meint, sie würde einmal im Monat ihr deutsches Pflichtbewusstsein verdrängen, indem sie sich im Café Extrablatt 'nen Piccolo zum Brunch reinflötet.«

Er: »Hä?«

Sie: »Außerdem verharmlost dieser Satz Alkoholismus. Juhnke war ja nun kein Kind von Traurigkeit.«

Er: »Eigentlich wollte ich doch nur mit dir in den Tag hineinleben. Und jetzt ist die Stimmung schon wieder so angespannt.«

Sie: »Meine Schuld ist es nicht. Noch ein Sektchen zum Lachsbagel? Erzähl doch mal was Lustiges!«

Er: »Unter Druck kann ich nicht.«

2

Ein Café in Marburg, am Nebentisch ein erstes Date …

Er: »Meine Schwäche ist, dass ich immer viel zu ehrlich bin.«
Sie: »Das ist doch super.«
Er: »Wenn unser Date jetzt zum Beispiel nicht so optimal laufen würde, dann würde ich dir das schon kommunizieren.«
Sie: »Prima!«
Er: »So bin ich halt. Hier in diesem Café habe ich mal einen Kaffee mit Hafermilch bestellt. Und was haben sie mir gebracht? Mandelmilch! Habe ich dann auch einfach direkt angesprochen! Manche schweigen solche Dinge ja lieber tot.«
Sie: »Ziemlich mutig von dir.«

[Pause]

Sie: »Du redest schon sehr gern über dich, oder? Wir sitzen hier seit zwei Stunden, und du hast mir noch nicht eine Frage gestellt.«
Er: »Findest du wirklich?«
Sie: »Ich sag dir das nun einfach ganz offen und unverblümt.«
Er: »Find ich gut. Danke! Ich bin ja ein Mensch, der gut mit Kritik umgehen kann. Nichts ist wichtiger als Reflexion. Manchmal braucht es da aber eben einen Impuls von außen. Und? Sehen wir uns mal wieder?«
Sie: »Auf keinen Fall!«

Ich: »Gute Entscheidung, junge Frau! Der Typ geht selbst mir auf den Sack.«
Er: »Was mischen Sie sich denn da ein?«
Ich: »Entschuldigung! Nur ein weiterer Impuls von außen.«

3

Ein Café in Düsseldorf, Gespräch am Nebentisch

Er: »In letzter Zeit bist du immer so passiv-aggressiv.«
Sie: »Schön, dass du diesen bildungsbürgerlichen Modebegriff jetzt auch in deinen Wortschatz übernommen hast. Du kannst dir allerdings sicher sein, dass ich mich auch weiterhin entweder passiv-teilnahmslos oder passiv-gleichgültig verhalte. Jedwede böswillige Handlung gegen deine Person ist weiterhin vollkommen bewusst aktiv-aggressiv.«
Er: »Das hast du schön gesagt.«

4

Ein Café in Düsseldorf, am Nebentisch ein erstes Date …

Sie: »Ich bin ja jemand, der irgendwie immer nachdenkt.«
Er: »Hm.«
Sie: »Ja, selbst beim Joggen denke ich nach. Beim Bügeln, Autofahren, vorm Einschlafen …«
Er: »Faszinierend.«

Sie: »Ja, und beim Spazierengehen. Mal über dies, mal über das …«

Er: »Ich denke auch manchmal nach. Meistens beim Kochen.«

Sie: »Wow, wir sind ja zwei richtige Philosophen.«

Beide: »Hahaha!«

Dass ich das noch erleben darf. Simone de Beauvoir und der feine Herr Sartre. Sie leben! Ich brauche hier mal dringend 'nen Schnaps oder 'ne Kettensäge.

5

Ein Café in Hamburg, am Nebentisch ein erstes Date …

Er: »Ich bin ja so ein Mensch … also na ja, mit Pauschaltourismus kannst du mich echt verjagen.«

Sie: »Boah, bitte geh einfach!«

Er: »Hä?«

Sie: »Jetzt kommt wieder irgendeine langweilige Geschichte über Hostelromantik, spektakuläre Longboardstürze und Sinnfindungstrips nach Kambodscha.«

Er: »Nee, ich war in Laos.«

Sie: »Wenn ich das schon höre: *Ich bin ja so ein Mensch.* Typen wie du geben anderen Leuten gar nicht die Chance, sie in Schubladen zu stecken, weil ihr es schon selber macht. Es ist echt immer das Gleiche. *Oh, ich bin ja so ein Mensch … meine Freunde sind mir einfach das Wichtigste!* Wow! Die meisten Menschen verabscheuen ihre Freunde nämlich, aber ihr?! Ganz tolle Individuen seid ihr alle!«

Er: »Ich finde, du steigerst dich da jetzt etwas rein.«
Sie: »Tut mir leid, das ist mein drittes Date diese Woche, und ich kann einfach nicht mehr.«

DAS NEUE GLÜCK IM TINY HOUSE

Nur noch wenige Meter. Langsam fahre ich durch die kleine Siedlung, und bereits von Weitem kann ich die beiden gut erkennen: Volker und Kerstin parken direkt neben ihrem neuen Tiny House und entladen sichtlich erschöpft den Transporter. Das Haus ist etwas 25 Quadratmeter groß und erinnert eher an einen Bauwagen. Für mich wird hier ein Kindheitstraum wahr, denn anscheinend bin ich jetzt mit Peter Lustig befreundet.

Langsam nähere ich mich dem Geschehen und steige aus dem Transporter. Volker wirkt sichtlich bemüht, als er versucht, die Tischtennisplatte durch die kleine Haustür zu schieben, und brüllt: »Scheiße, das ist hier alles zu eng!«

Hätte man ahnen können, denke ich. »Du willst doch auf 25 Quadratmetern nicht ernsthaft deine Tischtennisplatte unterbringen?!«

»Ja, doch. Die könnte man ja auch als Esstisch benutzen.«

»Als Bett wahrscheinlich auch«, brülle ich. »Und wenn ich mich nicht täusche, wirst du sie zeitgleich auch als Fußboden, Decke und Raumtrenner benutzen müssen!«

»Egal! Wie bekomme ich die denn durch die Tür? Das Ding ist zu sperrig.«

»Probiere es mal mit Zersägen! Währenddessen hole ich den Billardtisch und den Steinway-Flügel. Das packen wir dann in den Westflügel.«

»Witzig«, sagt Volker. »Willst du die Platte haben? Schenk ich dir!

»Klar«, sage ich. »Ich liebe Geschenke!«

Volker und Kerstin wollten das Leben im Vorstadtspeckgürtel endgültig hinter sich lassen und wieder näher in der Stadt wohnen. Die Sehnsucht war stets groß bei den beiden, und Volker seufzte immer: »Ach, ich bin halt ein Stadtmensch.« Du bist eher ein Volker *statt Mensch*, dachte ich meist, beschloss aber zu schweigen. Mir persönlich war urbanes Leben immer zu laut und stickig. Ich bin auf dem Land aufgewachsen, deswegen sehen für mich alle Städte gleich aus: Man kommt aus dem Bahnhof, steht in der überfüllten Innenstadt mit den stets gleichen Systemgastronomieketten, Funktionsbauten und Franchisekonzernen. Dann geht man einige Minuten weiter, sieht einen Fluss und willkürliche Sehenswürdigkeiten, und irgendwo gibt's immer ein alternatives Viertel mit einer Kirche, Fachwerkhäusern, engen Gässchen und den vielzitierten *süßen kleinen Cafés*. Ich weiß bis heute nicht, was ein *süßes kleines Café* ist, vermute allerdings, es gibt drei eindeutige Erkennungsmerkmale:

1. unleserliche Kreidetafeln mit zehn verschiedenen Schriftarten
2. ein Inventar bestehend aus Sukkulenten, Europaletten, rostigen Industrielampen und Omas altem Blümchensofa
3. ein Barista namens Fiete-Leander mit mattschwarzer Schürze

Aber es ist leicht, über die Gentrifizierung zu spotten. Am Ende bleibt es eine ewige Hassliebe. Man schimpft über die Bohème, die Yuppies, Hipster und ihre Neigung zu konformer Individualität, doch woanders leben will man aber auch nicht. Weil irgendwie ist es ja schon schön in diesen *süßen kleinen Cafés*, der Kuchen tatsächlich sehr lecker und alles ein wenig ästhetischer als im Maredo oder Karstadt-Restaurant, wo das Cordon bleu noch immer nach kaltem Aschenbecher und den Tränen von Helmut Kohl schmeckt.

Auch ich packe nun meinen geliehenen Transporter aus und hole zwei Sofas sowie einen kleinen Wohnzimmertisch aus den 50ern hervor. Volker fragte mich, ob ich ihm nicht neue Möbel besorgen könnte. Er und Kerstin wollten ihren Stil verändern, und ich hätte doch immer so ein gutes Gespür und ein Bewusstsein für Zeitgeist. Wer weiß? Vielleicht bin ich am Ende auch nur eine bärtige Version von Tine Wittler. In diesem Falle Tiny Wittler. Einmal stand Volker in meinem Wohnzimmer und fragte: »Patrick, ist das eine spezielle Politur? Wie machst du das bloß, dass deine Möbel immer so alt aussehen?« »Ganz einfach«, sagte ich, »indem ich alte Möbel kaufe. Das ist günstig, IKEA muss nicht 50 Quadratmeter Buchenwald fällen, und wenn man es nicht übertreibt, sieht es durchaus ganz chic aus.«

»Und was ist gerade angesagt?«, fragte Volker. »Jugendstil oder eher Barock?«

»Momentan sind alle verrückt nach Möbeln aus den 50ern und 60ern. Danish Teak! Sideboards, Tische – die Nachfrage steigt. Du kannst dir natürlich auch klobige Barockmöbel kaufen, aber dann wird man dich entweder mit Harald

Glööckler oder Ludwig XIV. verwechseln.« Ich musste ein wenig lachen, denn die Vorstellung von einem modernen, gradlinigen und 25 Quadratmeter großen Tiny House mit klobigen Barockmöbeln amüsierte mich durchaus, und ich hätte Volker da durchaus in die Irre führen können, aber ich wollte die Sache jetzt nicht unnötig kompliziert machen.

Was ich damals nicht ahnen konnte, ist die Tatsache, dass Volker nicht ansatzweise über ein Bewusstsein für Ironie verfügt. Nun stehe ich hier und schaue durchaus skeptisch auf Volker, der ganz alleine versucht, einen etwa drei Meter hohen Massivholz-Barockschrank aus seinem Transporter zu hieven. »Volker, du hast dir nicht ernsthaft einen Barockschrank für dein Tiny House gekauft?«

»Du hast doch gesagt, das wäre modern! 17. Jahrhundert, ist aber kürzlich restauriert worden. Habe ich für 3000 EUR geschossen. Wenn ich das mit modernen Möbeln kombiniere, sieht es bestimmt super aus!«

»Volker! Tu mir einen Gefallen: Sieh mal bitte auf deinen Schrank! Und jetzt sieh mal auf dein neues Haus! Und fällt dir was auf?

»Hm, könnte eng werden! Da müsste ich etwas umstellen.«

»Volker, der Satz: *Think outside the box* war nie treffender. Das passt nicht! Du kannst den Schrank vor dein Haus stellen und als Garage benutzen. Oder du ziehst direkt darin ein! Das macht auch keinen großen Unterschied! Sieht jedenfalls stabiler aus als dein Wohntraum gewordener Geräteschuppen. Willkommen im Château Pompöös!«

Ach, Volker und sein Tiny House. Es ist zum Scheitern verurteilt. Wobei ich auf Volker durchaus stolz bin. Immerhin hat er alles selbst gebaut und für sein Projekt viel Zeit und Liebe investiert. Volker ist zwar durchaus ein begabter Handwerker, sein Verhältnis zu Geometrie scheint allerdings ein wenig gestört. Denn wenn ich vorhin von *Gradlinigkeit* gesprochen habe, meine ich vollkommene Asymmetrie. Es hat was von Picasso.

Hauptsache, alle sind gesund, denke ich. Kerstin und er wollten unbedingt wieder in der Großstadt wohnen und brauchten dringend Veränderung. Es folgten die üblichen Argumente von Tiny-House-Bewohnern: die Sehnsucht nach einem einfachen Leben, der steigende Mietpreisspiegel, Minimalismus, Einfachheit. Und dass man sich als Paar wieder näherkommt. Klar, dachte ich da, in einer 3-Zimmer-Wohnung hat man sich als glückliches Pärchen ja ruckzuck auseinandergelebt. Ich will das wahrlich nicht alles verteufeln und freue mich für jeden, der in einem Tiny House sein Glück findet, aber Wohnungsmangel und den Irrsinn der steigenden Immobilienpreise durch das Ausquartieren in moderne Favelas und Trailerparks zu lösen, kann auch nicht der richtige Weg sein. Das hat ja was von Resignationsglorifizierung! Statt bezahlbaren Wohnraum zu schaffen und endlich den Mietenwahnsinn zu stoppen, wird den Menschen ihre Verdrängung aus geräumigen Stadtwohnungen als Eremitentum und hipper Minimalismus schöngeredet. Man geht doch auch nicht zu einem Obdachlosen und sagt: »Das ist aber fancy, wie reduziert Sie hier leben. Beneidenswert!«

Volker wirkt jedenfalls trotz seiner Logistikprobleme sehr zufrieden. Auch Kerstin strahlt bis über beide Ohren. Und *das* ist die Hauptsache! Schön, dass sie sich wieder näherkommen.

»Patrick, jetzt komm doch endlich mal rein.« Wenig später stehen wir im Wohnzimmer. Die Bezeichnung *Wohnzimmer* erübrigt sich, denn andere Zimmer sind schlichtweg nicht vorhanden. Zwar gibt es eine Art Küche und ein Bad, die scheinen aber irgendwo unter den Holzverkleidungen versteckt zu sein. Hier kommt man sich tatsächlich näher, denke ich, möchte nicht gar von *näherquetschen* sprechen. Von aufrechtem Stehen kann ebenfalls nicht die Rede sein, vielmehr befinden wir uns alle in leicht geduckter Position, und besonders Volker ist auf lange Sicht kurz vor einem nicht unerheblichen Wirbelsäulenschaden.

Kerstin und ich kommen noch halbwegs gut zurecht, man muss allerdings wissen, dass Volkers Körpergröße etwa 1,95 Meter beträgt. Keine gute Grundlage für ein Tiny House. Kerstin hingegen misst nur gefühlte 1,50 Meter. Aufgrund dieses signifikanten Unterschiedes schaffen es die beiden, im selben Raum eine Fernbeziehung zu führen. Man kann da durchaus von einem distanzierten Verhältnis sprechen!

Freudig überreiche ich den beiden einen dekorativen Farn mitsamt Übertopf. Als Einweihungsgeschenk! Und dazu noch Brot und Salz.

»Das trifft sich gut. Ich bin hungrig für zehn.« Hektisch zerfleddert Volker das Brot, beschmiert es mit Butter und beißt zufrieden hinein.

»Hier, und noch eine Kleinigkeit!« Ich gebe Kerstin das kleine Paket, das sie umgehend auspackt. »Oh, danke! Was ist das?«

»Ein Coffeetable Book! Das könnt ihr auf euren neuen Danish-Teak-Tisch legen. Ihr müsst den Bildband gut sichtbar platzieren, niemals anrühren, und all eure Gäste werden denken: Oh, Volker und Kerstin interessieren sich für Bauhaus-Architektur und die Ästhetik des Brutalismus.«

»Was ist Brutalismus?«, fragt Volker.

»Ein Baustil aus den 50ern«, sage ich.

»Ein brutaler Baustil? Sind das aggressive Häuser, die dich verprügeln?«

»Nein, du Dummerchen! Es geht um Sichtbeton: *béton brut.* Mit dem Begriff hat Le Corbusier die rohe und unverputzte Oberflächenstruktur seiner Baukonzeptionen beschrieben.«

»Was du alles weißt!«

»Ach«, sage ich, »wer weiß – womöglich hätte ich auch Brutalität gedacht. Aber vielleicht leben wir in einer Zeitschleife und ich werde in Zukunft mal eine Kurzgeschichte über den heutigen Tag schreiben, würde das dann entsprechend bei Wikipedia nachschlagen, und jetzt sieht es so aus, als wüsste ich das schon längst.«

»Ach, Patrick. Du kommst auf Sachen!« Volker lacht.

»Ich habe noch eine Frage. Dass ihr beide euch hier gut einleben und zurechtfinden werdet, daran habe ich keine Zweifel. Aber wo soll euer Sohn eigentlich wohnen?«

»Verdammt.« Volker steht wie vom Blitz getroffen auf und reißt mit seinem Kopf ein riesiges Loch in die Decke. Vielleicht hätte er doch kein Pressspan nehmen sollen. »Ich wusste, wir haben etwas vergessen.« Es regnet. Leise nieselt es auf mein wunderschönes Brutalismus-Buch. Harter Kern, weiche Schale. Zumindest den Farn hätten sie eh gießen müssen, denke ich.

»Vielleicht kann er ins Internat«, sage ich. »So ein Sechsjähriger ist flexibler, als man meint. Oder er wohnt im Barockschrank.«

»Ach, Patrick! Du hast einfach immer die besten Ideen!« Volker sieht auf sein Butterbrot. ~~Ilsebill~~ Kerstin salzt nach.

ES LEBE DER FAHRSTUHLJAZZ!

Wir Bühnenkünstler sind gefallsüchtige Wesen. Das lässt sich nicht leugnen. Irgendwas muss in unserer Kindheit entscheidend schiefgelaufen sein, dass wir uns Jahre später denken: Och, stell ich mich mit meiner introvertierten Art und meinem fragilen Selbstvertrauen doch einfach mal auf eine Theaterbühne und lasse mich von willkürlichen Leuten bewerten!

Es ist so vollkommen absurd. Als würde ein schüchternes Kapuzineräffchen freiwillig in den Zoo einbrechen, um sich dann von einem dubiosen Hobbyfotografen namens Ulrich und seiner geliebten Übergangsjacken-Ulrike anstarren zu lassen. Aber der Künstler tendiert zu Gefallsucht und Eitelkeit. Am Ende wollen wir alle geliebt werden.

Doch oftmals gibt es herbe Rückschläge: Mein persönliches Highlight war ein älterer Herr, der während der gesamten Show nicht einmal zur Bühne blickte, weil er so sehr in sein Buch vertieft war. Zunächst dachte ich, er würde die vorgetragenen Texte in meinem aktuellen Werk aufmerksam mitlesen, um mich bei Versprechern gegebenenfalls korrigieren zu können. Auf mein Nachfragen stellte sich allerdings heraus, dass es sich bei der Lektüre um einen Justizthriller von Ferdinand von Schirach handelte. Der durchaus höfliche Mann kommentierte dies mit den Worten: »Nehmen Sie es nicht persönlich. Privat interessiere ich mich eher für richtige Literatur.«

Für einen kurzen Moment war ich beleidigt, aber dann dachte ich: Na gut, Eintritt hat er ja trotzdem bezahlt, und finanziell muss ich auch irgendwie durch den Winter kommen. Vielleicht ist er einfach sehr reich und braucht beim Lesen stets eine gewisse Geräuschkulisse im Hintergrund. Und im Grunde bin ich auch nur menschgewordener Fahrstuhljazz. Ach, es ist so schön, Künstler zu sein. Manchmal frage ich mich allerdings doch, wie es bloß dazu kommen konnte …

Ich hatte im Verlauf meines noch recht kurzen Lebens schon sehr viele Berufe. Während des Studiums habe ich jahrelang in der Herrenabteilung eines skandinavischen Modehauses gearbeitet. Zwar habe ich mich durchaus für Trends und Mode im Allgemeinen interessiert, aber sobald ich mal an der Kasse aushelfen musste, wurde es kritisch. Oft habe ich den Endpreis einfach grob geschätzt und im Zweifel für den Kunden abgerundet. Sobald die Schlange etwas länger war und es hektisch wurde, habe ich die Leute mitsamt ihrer gestapelten Kleidung einfach zum Ausgang durchgewunken und gemurmelt: »Komm, ist eh nur Polyester!« oder »Ich schreib es auf den Deckel!« Dieser Deckel hat natürlich nie existiert, und wirtschaftlich gesehen muss der Konzern durch mich ein großes Minus in der Bilanz eingefahren haben. Aber im Nachhinein kann ich das als politischen Aktivismus verkaufen und war für Außenstehende ein engagierter Linksradikaler, der sich im Kern des Großkonzerns für strukturelle Ausbeutung und Kinderarbeit in Pakistan gerächt hat. Jedes Jahr mussten wir Inventur machen, und oft hieß es dann: »Hömma, Salmen! Das geht alles vorne und hinten nicht auf.« »Kein Wunder!«, habe ich dann immer geantwortet. »Diese fiesen Senioren klauen wie die Raben!« Es grenzt an ein Wunder, dass ich damit durchgekommen bin.

Berufsfindung ist eine seltsame Sache, denn fast jeder Mensch strebt nach Erfüllung, aber am Ende ist das oft eine Illusion und manche Dinge müssen halt einfach gemacht werden. Wir alle sollten jeden Tag dankbar dafür sein, dass es Menschen gibt, die freiwillig für Paketlieferdienste arbeiten oder am Wochenende Pizza ausfahren. Und diese Menschen sollten mit Trinkgeld überschüttet werden, denn schon der berühmte Aristoteles sagte einst: »Wenn du faules und wertloses Stück Elend es nicht schaffst, dir ein paar Nudeln mit Pesto zu kochen, und dann nicht einmal den Anstand besitzt, dem völlig erschöpften und vom Termindruck gestressten Fahrer im Treppenhaus entgegenzukommen, dann überschütte diesen Mann mit Gold! Denn genau in dieser Sekunde steht ein Mensch vor dir, der sich zu irgendeinem Zeitpunkt in seinem Leben dachte: Klar könnte ich Sonntagabend mit meinen Freunden cocktailschlürfend im Park sitzen, muss aber meine Familie versorgen und möchte stattdessen lieber ein paar behäbige Phlegmatiker im Dachgeschoss mit triefenden Teigfladen versorgen. Einfach weil ich es mir wert bin! Aber ich möchte hier nicht zu moralisch werden und über soziale Ungerechtigkeit philosophieren. Wir sind hier ja nicht beim Politkabarett.

Wie so viele andere Künstler leide ich unter dem sogenannten Hochstapler-Syndrom. Oft zerfressen einen die Selbstzweifel und man rechnet jederzeit damit, dass der ganze Schwindel auffliegt. Man ist überzeugt, dass alle erreichten Erfolge auf Zufällen basieren und die Menschen irgendwann mitbekommen, was für ein einfallsloser und vollkommen talentfreier Autor man doch ist. Als Künstler über dieses Hochstapler-Syndrom zu sprechen, hat natürlich immer etwas Kokettierendes und einen faden Beigeschmack von *fishing for compliments*. Würde ja niemand mit Anstand und Höflichkeit hergehen und mir nach einer Lesung ins Gesicht sagen: »Herr Salmen, ich kann Sie beruhigen. Sie haben kein Hochstapler-Syndrom. Sie sind wirklich eine recht einfältige Hohlnudel!« Außerdem wäre es als Künstler auch unsympathisch, wenn man immer »Seht mich an! Ich denke, wir wissen alle, dass ich DER GEILSTE bin« ausstrahlen würde. Was mich in Phasen der Selbstzweifel jedenfalls stets beruhigt, ist der Gedanke, dass ich in allen anderen Berufen noch verlorener wäre.

Dass ich Hobby und Beruf vereinen kann, ist jedenfalls ein großes Privileg. Nachteil: Ich muss mir dringend neue Hobbys suchen, und das ist gar nicht mal so einfach. Stand-up-Paddeln habe ich probiert, war allerdings schnell genervt, weil man die ganze Zeit stehen muss. Hätte man ahnen können. Aber ich komme in ein Alter, in dem man vom Leben nicht mehr viel erwartet und wo es kein sonderliches Spektakel mehr braucht. Wahre Freude bereiten mir vielmehr die vielzitierten *kleinen Dinge des Alltags*. Würde man mir heutzutage ein Freudebuch in die Hand drücken und ich müsste dort Hobbys und Leidenschaften eintragen, würde ich in aller Aufrichtigkeit schreiben: *Altglas wegbringen!*

Es begann recht harmlos. Sachen wegzuschmeißen war für mich schon immer ein befreiendes Gefühl. Es ist wie beim Abnehmen! Oft stelle ich mir das Gesamtgewicht meines möblierten Hauses vor und freue mich dann, wenn die Pfunde purzeln. Altglas entsorgen: drei Kilo runter! Haus leichter, Boden entlastet! Außerdem liebe ich das Geräusch, wenn man die Flaschen mit präziser Wucht aus dem Handgelenk im mysteriösen Innenleben des Containers zerschellen lässt. Menschen, die ihren gesamten Arm bis zum Schulteransatz in den Schlund des Behälters stecken, um die Flasche sanft und behutsam auf dem bereits zerschellten Glasgrund einzubetten, sind mir da eher suspekt. Altglas wegbringen birgt in sich eine Challenge: Es muss scheppern! Diese Passion ist ein wenig ausgeartet, und so habe ich mich in meiner Siedlung zu einer Art privatem Altglasentsorgungsbetrieb entwickelt, der jeden Samstag in allen Haushalten den Glasmüll einsammelt, um dann eine großflächige Kollektiv-Entsorgung durchzuführen. Im Gegenzug erledigen die Nachbarn meine Postbesuche oder bringen mir sonntags Brötchen vorbei. Schön, wenn man sich ergänzen kann.

Es gibt Menschen, die sind in ihrem beruflichen Umfeld einfach vollkommen deplatziert, und oft fragt man sich: Wie wuseln diese Leute sich da jahrelang durch? Ich kannte mal einen Dachdecker mit Höhenangst. Für ihn war sein Job eine tägliche Konfrontationstherapie. Ängste sind zwar meist vollkommen irrational, aber selten eine gute Grundlage für berufliche Entscheidungen. Ich zum Beispiel habe eine unbegründete, jedoch enorme Angst vor eineiigen Zwillingen. Eine durchaus dubiose Angst, mit der ich allerdings sehr gut leben kann, weil man eineiigen Zwillingen im Alltag nicht allzu häufig begegnet. Außerdem habe ich die Konsequenzen daraus gezogen und mich aktiv dazu entschieden, nicht auf einer Geburtsstation zu arbeiten. Zu wahrscheinlich war mir der Fall, dass der

Zeitpunkt kommt, an dem ich der jungen Mutter ihre beiden Neugeborenen überreiche, dabei am ganzen Körper zittere und brülle: »Dämonen! Teufelsbrut! Es sind Kinder Satans.« Vermutlich hätte ich dann noch Räucherstäbchen geholt, hektisch damit herumgewedelt und versucht, böse Geister zu vertreiben.

Es ist ein großer Irrglaube, dass Menschen immer beruflichen Tätigkeiten nachgehen, die sie gut können. Manchmal muss man ehrlich zu sich selber sein, und es ist völlig legitim, sich einzugestehen: »Ich habe kein Talent, keine Motivation und vom Thema keine Ahnung. Ich mache es aber trotzdem.« Und ich glaube, exakt so sind die Firmen Hermes und DPD entstanden. Irgendjemand wird das mal aufgrund der hohen Nachfrage gegründet haben, und nach einigen Jahren kam ein Mitarbeiter ins Meeting und stellte fest: »Also, ich habe das jetzt mal ein Weilchen beobachtet und analysiert. Die Pakete kommen entweder gar nicht oder ganz zerknautscht vollkommen woanders an, und unser Kundenservice kann auch niemandem weiterhelfen. Ich glaube, wir sollten umschulen und die Firma auflösen.« Dann wird der Chef hämisch gelacht und geantwortet haben: »Aber, Ulf! Wir haben unzählbare Lagerhallen, eine Flotte mit Tausenden Lastwagen und unfassbar viele Mitarbeiter!« »Na gut«, wird daraufhin der andere erwidert haben, »dann haben wir uns da wohl etwas verrannt und machen einfach weiter!«

Wie dem auch sei – ich bin froh, dass ich niemandem Pakete ausliefern muss, denn mein Orientierungssinn ist nicht vorhanden und ohne Navigationsgerät wäre ich auf deutschen

Straßen eine verlorene Seele. Ich bewundere meinen Vater zutiefst, dass er früher kurz vor einer Autoreise in den südlichsten Zipfel Italiens einmal kurz in den ADAC-Atlas schaute, drei Sekunden lang die Strecke mit dem Finger abfuhr und sich danach dachte: Ah! Ist ja einfach. Und dann fuhr er los. Einfach so. Für mich grenzt das aus heutiger Perspektive an ein Wunder. Habe einfach nie verstanden, wie Menschen sich Namen von Straßen und Autobahnen merken konnten. A1, B12, L43 – warum heißt so eine Autobahn nicht einfach Lutz? Erich, Bärbel – alles wäre besser als diese vollkommen kryptischen Fragmente. Wie häufig kam ich in die Situation, dass ich jemanden nach dem Weg fragte und derjenige mir dann antwortete: »Ganz einfach. Einfach die B21 bis zum Zubringer Zuffelhausen, dann A43 bis Kreuz Pusemuckel, von da auf die A47, etwa zehn Minuten, dann auf die L321 nach Schlunzental an der Flöhz und dann kurz nach Oppelshoven noch mal auf die A3. Der Rest ergibt sich.« Na klar, dachte ich dann oft. War ja selbsterklärend.

Wobei diese Hinweise mit Bezeichnungen wie *Erich*, *Lutz* oder *Bärbel* auch nicht viel besser gewesen wären, denn Namen kann ich mir ebenfalls nicht sonderlich gut merken. Von daher ist es gut, dass mein Lehramtsstudium ins Leere lief. Unschön wäre das geworden! Wäre ich Klassenlehrer, trügen meine geliebten Schüler Namen wie: *Du da*, *erste Reihe*, *Zweite von links*, *Dingenskirchen* oder *Die mit der Mütze*. Wie gesagt – in vielen Jobs wäre ich völlig überfordert. Und die gesamte Welt kann jeden Tag kollektiv dankbar sein, dass ich zu einem bestimmten Zeitpunkt in meinem Leben entschieden habe, weder Herzchirurg noch Fluglotse zu werden, denn in beiden Berufen würde ich sehr viel auf Basis von Improvisation arbeiten. Bauchentscheidungen wären eine nicht unwesentliche Grundlage meiner Arbeit, und es gibt Sätze, die möchte man von einem Fluglotsen einfach nicht hören, wie zum Beispiel: »Müsste passen! Habe da ein gutes Gefühl!«

Jedenfalls bin ich sehr froh, wie die Dinge sich gefügt haben. Auch wenn da manchmal diese Ängste und Selbstzweifel sind – am Ende bereitet mir das Schreiben und Auftreten ein großes Vergnügen. Die Stimmung auf den Liveshows ist meist sehr ausgelassen, achtzig Prozent der anwesenden Menschen sind immerhin freiwillig da, wissen, worauf sie sich einlassen, und freuen sich auf einen schönen Abend. Da wird gelacht, geschunkelt und ordentlich was weggeschmunzelt. Aber auch an negativen Reaktionen war in den letzten Jahren gefühlt schon alles dabei, denn da kommen die anderen zwanzig Prozent ins Spiel – meist Leute, die mangels kultureller Alternativen einfach mitgeschleppt wurden oder noch vom Vortag im Theatersaal übrig sind, dann mit vor der Brust verschränkten Armen in der ersten Reihe sitzen und mich grimmig anstarren. Jetzt ist Humor natürlich Geschmackssache, und ich kann es wahrlich niemandem verübeln, wenn er oder sie denkt: Puh, meins ist das nicht. Hilfe! Was will dieser bärtige Barista von mir? Mal gehen die Leute also kopfschüttelnd aus dem Saal, weil ihnen ein Witz nicht gefallen hat, mal wird der Kopf geschüttelt, mal genervt aufgestöhnt oder demonstrativ laut gegähnt. Einer ist sogar mal in den ersten zehn Minuten eingeschlummert, um anschließend beseelt vor sich hin zu schnarchen. Wer kann es ihm verübeln?

Ein weiteres Highlight war folgendes Szenario: Nach einer Lesung habe ich Bücher signiert. Der Mann, der ganz am Ende der Schlange stand und etwa zwanzig Minuten gewartet hat, bis er endlich an der Reihe war, stand vor mir und blickte auf die auf dem Tisch ausgelegten Werke. Dann folgender Dialog:

Er: »Guten Tag, ich hätte gern das neue Buch von Sebastian Fitzek.«

Ich: »Tut mir leid. Ich verkaufe leider nur meine eigenen Bücher.«

Er: »Na, müssen Sie selber wissen!«

Dann ging er. Einfach so. Nun, anscheinend muss ich langfristig mein Sortiment erweitern. Der Markt hat seine eigenen Gesetze, und das ist im Grunde vollkommen unseriöser Einzelhandel, den ich hier betreibe. Manchmal denke ich an die Worte meiner alten Chefin: »Hömma, Salmen! Das geht alles hinten und vorne nicht auf.« Nun, das mag sein, aber immer noch besser als Stand-up-Paddeln. Und irgendwie werde ich mich schon durchwuseln. Ich habe da ein gutes Gefühl!

BAD VERSE BATTLE

Seit Jahren hege ich eine große Vorliebe für Battlerap-Texte mit schlechten Wortspielen und an den Haaren herbeigezogenen Zweckreimen und Wie-Vergleichen. Je absurder, desto besser. Hier ein Auszug aus meinem neusten Werk …

Ich geh Gold, du Motherfucker – zwischen uns da liegen Welten
Du bist wie 'n zollbefreiter Trucker, denn du hast nichts zu melden
Ich steh im Asia-Markt und kauf grad Pak Choi, du Hemd
Du schickst deine Gang, doch ist dein Pack scheu und rennt
Du und deine Crew – ich wärt gern Mumford & Sons
Doch ihr habt eher den Swag, als wärt ihr Manfred & Hans
Du hältst dich für 'n Genie. Als wärst du Hanswurst Van Gogh
Doch fabrizierst nur Crap[1] wie ein Pfannkuchenkoch

Ich knall dich ab, Stricher! *Ratata!* Shots fired
Du bist tot, kleiner Keck! Und dein Schatz feiert
Was für Battle? Ich bin hier nach Straftaten Chef, du Wicht
Gegner prasseln ab. Nenn mich Bratpfannenteflonschicht
Du willst Liebe von mir, das wird eh nicht klappen, Hund
Ich bin Wunschkind, ah. Du eher so Babyklappenfund

1 Anmerkung meiner Mutter: Das ist witzig, weil es eigentlich Crêpe heißt.

Früher warst du cool! Jetzt bist du gänzlich ein Wrack
Dein Style ist wie 'n Schulbus. Holt mich längst nicht mehr ab

Dein Style ist nicht real, bringst du Schund a cappella
Denn du bleibst nichtssagend wie ein Stummfilmdarsteller
Man versteht bloß Bahnhof, so als sprächest du arabisch
Dein Müll, der macht echt sprachlos: Man denkt nur: Ah, rubbish!
Ich bin golden delicious wie ein Apfel, du Blender
Dein Album-Release, das steht im Abfallkalender
Iss mal Fisch, kleiner Keck. Dir fehlt Omega 3
Ich zähl Bitches im Bett und denk: Oh, mega! 3[2]

2 Auch für mich ein neuer Tiefpunkt

DAS GROSSE ACHTSAMKEITSQUIZ

Achtsamkeit ist das Wort der Stunde. Selbst beim Konsum von Büchern fällt es den Menschen schwer, ihren Fokus zu bewahren. Schnell lassen sie sich beim Lesen ablenken, greifen aus Gewohnheit zum Handy oder schauen parallel eine Netflix-Serie. Nun wollen wir mal schauen, wie sehr Sie im Moment gelebt haben und wie konzentriert Sie dieses Buch gelesen haben. Hier ein kleiner Selbsttest …

Welchen Satz sagt der Sohn des Erzählers nach dem Aufwachen?

- »Kuckuck, du Räuber!«
- »Stößchen!«
- »Frohlocke, holder Vater. Sanft und selig war mein Schlummer gar.«
- »Papa, dreh dich um. Dein Gesicht ist ein bisschen eklig.«

Mit welchem Gegenstand führt der Gast im Kurzdrama *Deutschland, deine Wohnzimmer* den Freitod herbei?

- Sushimesser vom Flohmarkt mit schöner Patina
- Vintage-Axt vom Sperrmüll
- rostige Schrotflinte vom Wertstoffhof
- Niemand bringt sich um, denn das hier ist ein positives Buch.

Mit welchem Satz endet ein gescheiterter Flirtversuch im Café?

- Wir haben uns auseinandergelebt.
- Guter Mann, wer sind Sie?
- Schade, dass wir nicht solche Leute sind.
- Geh sterben!

Wie heißt Kerstins neue Atemübung?

- Live, Love, Laugh
- asthmatische Katze von Alcatraz
- Hundelunge von Hanoi
- Wombat von Wermelskirchen

Was macht den Erzähler laut seinem Dankbarkeitstagebuch glücklich?

- Happy Socks und ein Mark-Forster-Konzert
- Cordhosen und Kabarett mit Eckart von Hirschhausen
- Aspikwurst und das Wertesystem von Philipp Amthor
- Fenchel und ein gutes Buch von Paolo Coelho

Das Prinzip von Supportact sollte man auch im Alltag etablieren. Wer agiert als Vorband im Ehebett?

- Lutz aus der Logistik
- Günter Grass
- Erich aus der Buchhaltung
- die wuschige Sybille

Kommen wir zur Geschichte *Der Flügelschlag des Triceratops*: Was sucht der Erzähler im Darknet?

- Regenbogenschirme für die LGBTQIA-Szene
- Danish-Teak-Möbel aus den 50ern
- Schwarzmarkt-Kita in einem verlassenen Industriegebiet
- Crystal Meth und Cocktailschirmchen

Welcher Sätze lösen im Autor Wut und Verzweiflung aus?

- Wo ist denn mein kleiner Minimensch?
- Alle verrückt hier. Komm, Einhorn, wir gehen!
- Herzlichen Glühstrumpf zum Burzeltag!
- ALLE!

Welche beiden Bücher liegen auf Volkers und Kerstins Danish-Teak-Tisch?

- Bildbände über Bauhaus-Architektur und den Brutalismus
- *Die Wanderhure* und ein Wimmelbuch von Ali Mitgutsch
- das Pappbilderbuch *Obst* und ein Psychothriller von Sebastian Fitzek
- Telefonbuch und der PC-Ratgeber *Ein Browser ist kein Duschkopf*

Welche drei Protagonisten kommen in Saurons erster Geschichte vor?

- Gespenst, Roboter und Dino
- Transformer, Power Ranger und Sylvia Plath
- Volker, Leander und Emre
- Mark Forster, Ferdinand von Schirach und eine zerfledderte Katze

Was ziert eine Wand in Saurons Kindergarten?

- Poster mit dem Zitat *Das Lächeln eines Kindes sagt mehr als tausend Worte*
- Blechschild mit der Aufschrift *Kleinvieh macht auch Mist*
- Wandtattoo mit dem Schriftzug *Carpe diem*
- Porträt von Kita Bohlen & Hort Seehofer

Welches Interieur findet man häufig in sogenannten *süßen kleinen Cafés*?

- LED-Leisten, Porzellanbuddhas und positiv-bekloppte Fußmatten
- Farne, Barockmöbel und Tischtennisplatten
- Yuccapalmen, Kunstsand und pinke Poolflamingos
- Sukkulenten, Europaletten, rostige Industrielampen und Omas altes Blümchensofa

Bei der Abholung einer Kommode trifft der Erzähler auf die perfekte Familie. Was spielt die 13-jährige Sophie?

- *Comptine d'un autre été* von Yann Tiersen am Klavier
- *God Save the Rave* von Scooter auf der Bratsche
- *Mortal Kombat* auf der PlayStation
- *Bestrafe mich* von Rammstein auf der Blockflöte

Auf wen trifft der Erzähler bei einem Besuch seiner liebsten Freunde?

- vollkommen destruktiven Erfolgscoach
- gestresste Achtsamkeitstrainerin
- melancholische und freudlose Lachyoga-Lehrerin
- passiv-aggressiven Fahrstuhlmechaniker mit Platzangst

Welcher Satz hat es von der konsumkritischen Studenten-WG bis in Volkers Neubausiedlung geschafft?

- Ich esse weniger Fleisch, und wenn, dann nur gutes.
- Ich bin ja so ein Mensch ...
- Herzlichen Glühstrumpf zum Burzeltag!
- Ich stand auf und tötete alle.

Welcher Satz fällt im Kurzdrama *Ach, diese Luft!*?

- Pack die Kettensäge weg, Leander!
- Ludwig, du reproduzierst hier ein bedenkliches Narrativ.
- Jetzt nimm den Kopf aus dem Thermomix!
- Noah, ein Baby ist keine Knetwurst.

Bonusfrage: Hat nichts mit dem Buch zu tun, aber das Lied *Lieblingsmensch* war aus Sicht des Autors lange Zeit der schlimmste Popsong, der jemals geschrieben wurde. Die Künstlerin Namika konnte sich wenige Monate später allerdings selbst übertreffen und hat ein noch grausameres Werk erschaffen. Welcher Satz stammt tatsächlich aus dem Song: *Je ne parle pas français*?

- Baby, komm, wir tanzen, hier inmitten im Café. Und alles, was ich sag', ist: »Arthur est un perroquet.«
- François, du machst mich wuschig! Glaub mir mal, mon frère. Jetzt rauchen wir 'ne Gauloise auf der Rue Daguerre.
- Gar keiner, denn wir haben keine Abdruckgenehmigung für das Originalzitat bekommen.
- L'amour toujours! Wir lieben uns, ich kann es kaum glauben. Babe, du machst mich wahnsinnig. Ich küsse deine Augen!
- Yeah, wir trinken Weißwein. Leckeres Gesöff! Ich kann kein Französisch. Quatre-vingt-dix-neuf!

DANKSAGUNG

Danksagungen haben immer eine sehr pathetische Färbung. Oft klingen sie wie die letzten Worte eines dahinscheidenden Künstlers, aber da kann ich Sie beruhigen: Zwar blitzen manchmal Zweifel und Existenzängste auf, denn vielleicht werde ich als Schriftsteller in wenigen Jahren durch künstliche Intelligenz ersetzt und werde bei Liveshows von einem bärtigen Hologramm vertreten, aber meine Autorentätigkeit möchte ich deswegen keineswegs verfrüht an den Nagel hängen. Trotzdem möchte ich an dieser Stelle einige liebe Menschen erwähnen, die dieses Buch möglich gemacht haben.

Ich bedanke mich bei allen Zuschauern und Zuschauerinnen, die regelmäßig zu meinen Liveshows kommen, und bei allen Menschen, die meine Bücher lesen, empfehlen, verschenken oder anderweitig zu deren Verbreitung beitragen. Vor einiger Zeit trat im Anschluss einer Lesung ein Herr vor mich und sagte: »Guten Tag, ich hätte gern fünf Bücher!« Ich war ein wenig verblüfft und antwortete: »Wirklich so viele?« »Ach, wissen Sie«, erwiderte er, »wenn's mir gefällt, werd' ich das bestimmt öfter lesen.« Nun, dachte ich da, wahrscheinlich hat der Mann das nachhaltige Konzept *Buch* jahrelang missverstanden und ich hätte ihn aufklären müssen, aber finanziell kam mir das Ganze sehr entgegen.

Ebenfalls möchte ich mich bei meinem treuen und loyalen Verlag und allen Entscheidungsträgern bedanken, die sich dafür einsetzen, dass ich dort seit vielen Jahren meine humoristischen Kurzgeschichten veröffentlichen darf. Sie müssen mich privat wirklich sehr mögen, denn monetär betrachtet, ist da nicht viel zu holen. Ich glaube, im Wesentlichen werden meine Bücher durch Selbstfürsorge-Ratgeber, *Die Wanderhure* und verkaufsstarke Werke von Sebastian Fitzek querfinanziert. Wäre die Bestsellerliste eine im sibirischen Winter zugefrorene Fensterscheibe, wäre mein buchgewordener Eiskratzer aus Plüsch. Mit humoristischen Geschichten wird es jedenfalls eng, wenn da keine sprechenden Kängurus vorkommen, und zu Kängurus habe ich ein eher distanziertes Verhältnis. Ich hatte mal eine domestizierte Katze, aber die war nicht sonderlich gesprächig. Kommunist war sie auch nicht, vielmehr vollkommen unpolitisch und allenfalls Protestwähler.

Seit Jahren drängt mich der Verlag auf liebevolle Weise, dass ich einen Roman veröffentlichen soll, aber stets muss ich sämtliche Mitarbeiter vertrösten, denn ich habe die Aufmerksamkeitsspanne eines hyperaktiven Zwergschimpansen. Immer wenn ich gerade einen interessanten Plot oder einen spannenden Charakter entwickelt habe, vergesse ich ihn einfach. Es wäre ein durchaus kurzer Roman, den ich mir mit Sätzen wie »Och, den Rest kann sich der Leser denken« schönreden müsste. Außerdem mangelt es an einer innovativen Idee! Vor einiger Zeit habe ich mal ein Buch über einen Zauberer geschrieben. Eine gefühlte Ewigkeit feilte ich an Plot und Szenario. Nach etwa drei Jahren war das Werk fertig, und ich reichte es bei meinem Verlag ein. Meine Lektorin war begeistert, hatte allerdings einen kleinen Einwand: »Patrick, das ist wahrscheinlich das beste Buch, das du jemals geschrieben hast. Aber irgendwie kommen mir die Begriffe *Hogwarts* und *Quidditch* bekannt vor. Ich würde da noch mal nachschauen ...« Nach der desillusionierenden Recherche kam ich zu dem Schluss, dass eine gewisse Joanne K. Rowling dieselbe Idee vor mir hatte. Eine absolute Dreistigkeit! Ich könnte die Handlung ein wenig abwandeln und in die Moderne übertragen, dachte ich damals und änderte einige Details im Manuskript. Das Ergebnis war ein zweiseitiges Heft über den Hobbyzauberer Norbert, der tagsüber in einer gewöhnlichen Gesamtschule arbeitet und sich abends mit seiner Freundin Wiebke in einer Turnhalle der Gemeinde Hoogstede zum Badminton verabredet. Eine Rückmeldung vom Verlag habe ich bis heute nicht erhalten.

Auch an einem spannenden Kriminalroman bin ich bisweilen gescheitert, denn ehrlich gesagt kann ich kein Blut sehen, also auch nicht ansatzweise beschreiben. Außerdem neige ich zu Panik, sobald in Filmen und Büchern das Licht ausgeht. Ich hasse Romane und Drehbücher, die im Dunkeln spielen. Im Mittelalter oder in Norwegen wäre ich nicht sonderlich glücklich geworden. *Grundhelligkeit* wäre mal durchaus ein interessantes Filterkriterium für Netflix. Dann wäre mir auch *Game of Thrones* erspart geblieben. Eigentlich fand ich die Serie super, sonderlich gut auf die Handlung konzentrieren konnte ich mich allerdings nicht, da ich die ganze Zeit dachte: Winterfell schön und gut, aber jetzt mach doch mal in deiner dämmrigen Kackburg die dämliche Lampe an, du düsterer Emo! Habe ich nie verstanden. Da gibt die Produktionsfirma viel Geld für aufwendige Kostüme, Schlachtinszenierungen und Animationen aus, und am Ende heißt es: »Nö, Licht brauchen wir eigentlich nicht! Wenn die Leute weiße Wanderer sehen wollen, können die einfach zum Nordic Walking in den Harz fahren.« Ich schweife ab.

Stellvertretend für meinen Verlag sei hier noch meine Lektorin genannt, die einen großartigen Job macht. Inhaltlich kommt von ihr durchaus mal sachliche Kritik, und oft höre ich den Einwand: »Patrick, das war zwar damals eine pfiffige Idee, aber du kannst nicht JEDE Kurzgeschichte mit dem Satz *Ich stand auf und tötete alle* beenden.« Sie arbeitet sehr gewissenhaft und ist eine sehr geduldige Person, denn besonders im Bereich Kommasetzung arbeite, ich ausschließlich auf Basis, von Intuition. Manchmal schläft meine, Lektorin bei der Korrektur, gelangweilt ein aber, was soll schon, schiefgehen?

Ein riesengroßer Dank geht an meine liebe Familie! Vorwiegend an meine Kinder Sauron und Günther – dafür, dass sie mich jeden Tag zum Lachen bringen, und an meine Frau, dass sie meine schlechten Witze erträgt und mir ermöglicht, regelmäßig auf Tour zu gehen. Aus Gründen der Diskretion möchte sie namentlich nicht erwähnt werden. Außerdem denkt unsere Kreditbank bis heute, ich wäre Herzchirurg. Patrick Salmen ist nur ein kläglicher Künstlername. Eigentlich heiße ich Ulf. Ebenfalls gebührt ein großer Dank meiner inzwischen verstorbenen Oma, die für den Titel verantwortlich ist. Das Zitat »Im Regenbogen der guten Laune bin ich das Beige« stammt tatsächlich von ihr, und am Ende fand ich den Titel schöner als *Auch für mich ein neuer Tiefpunkt* oder *Hätte man dabei sein müssen.*

Außerdem möchte ich mich bei Volker und Kerstin bedanken, ohne deren Steilvorlagen dieses Buch eher eine Broschüre geworden wäre. Ein durchaus überschaubares Werk – drei Seiten vielleicht –, und dann hätte ich ebenfalls auf dicke Pappkartonseiten und Schriftgröße 8000 setzen müssen. Oft werde ich gefragt, ob Volker und Kerstin wirklich existieren. Mein lyrisches Ich verweigert hierzu jedwede Aussage. Wer weiß? Vielleicht sind sie ein überzeichnetes *Worst-of* von existierenden Personen aus meinem näheren Bekanntenkreis? Vielleicht sind sie die personifizierte Angst meiner eigenen Boomerisierung oder am Ende nichts anderes als mein eigenes Spiegelbild. Ich besitze zwar weder inspirierende Blechschilder noch geschwätzige Kissenbezüge, aber Atemübungen und Achtsamkeitstraining mache ich tatsächlich selbst, und ich kann das nur jedem empfehlen. Oft betrachte ich mich dabei allerdings von außen, und mein innerer Zyniker lacht hämisch: »Haha! Du Trottel, was machst du da eigentlich!« Doch auch, wenn der ganze Achtsamkeitshype mir tierisch auf die Nerven geht, kann das Prinzip von Selbstfürsorge und mentaler Gesundheit durchaus nicht falsch sein.

Zuletzt möchte ich mich bei meiner Therapeutin bedanken. Dafür, dass sie davon überzeugt ist, Meditationen und Dankbarkeitstagebücher wären durchaus legitime und hilfreiche Ansätze, um sich auf innere Ruhe und positive Gefühle zu besinnen, man Depressionen aber vorwiegend mit professioneller Hilfe und gegebenenfalls mit Psychopharmaka behandeln sollte. Meine Therapeutin ist eine wunderbare, einfühlsame Frau und verzichtet im Wesentlichen auf Sätze wie: »Depressionen? Ich war auch mal traurig.« Diese Worte hört man durchaus häufig, und meist klingt es nach: »Lungenkrebs? Ich hatte auch mal Husten.« Ich kann so eine Therapie jedenfalls jedem ans Herz legen, der irgendwann feststellt, dass er mit seinem Leben und sich selbst überfordert ist. Das hat nicht ansatzweise etwas mit Schwäche zu tun, sondern zeugt im Gegenteil von ganz großer Stärke. Unterstützend können Sie dann immer noch den ganzen Tag Mark Forster hören, Grapefruit essen oder Ihren Kaffee mit Happy Socks filtern. Was Sie auch tun – hören Sie auf Ihr Herz und entdecken Sie Ihre innere Kerstin.

Herzliche Grüße von meinem inneren Cocktailschirmchen
Ihr Patrick Salmen

Von bitterböse bis herrlich selbstironisch:
Entdecken Sie weitere Kurzgeschichten, Anekdoten und Alltagsbeobachtungen von Kabarettist Patrick Salmen

Patrick Salmen

GENAUER BETRACHTET SIND MENSCHEN AUCH NUR LEUTE

Als das Glück in der Suppe lag,
habe ich eine Gabel benutzt. Aber so ist das.
Die meisten Humoristen sind Melancholiker.
Die meisten Melancholiker sind Menschen.
Und die meisten Menschen sind Chinesen.

Patrick Salmen – bekannter Bart-Träger, Vorleseonkel und Mensch – hat mit seinem Poetry-Slam-Hit »Rostrotkupferbraunfastbronze« Millionen begeistert. Hier legt er eine weitere Sammlung an Texten vor, in denen er die Absurdität des Alltags und den Wahnwitz der Menschheit entlarvt. Mit dem wissenschaftlichen Interesse eines Zoologen und einem ganz leisen Staunen führt Salmen uns eine bunte Menagerie aus sarkastischen Rentnern, scharfzüngigen Kellnern, zynischen Postboten und Spülmonstern vor. Schließlich erkennt der Poet, der wahre Erforscher der menschlichen Natur:
Genauer betrachtet sind Menschen auch nur Leute.

Patrick Salmen

TREFFEN SICH ZWEI TRÄUME. BEIDE PLATZEN.

»Menschen, die von sich behaupten, sie seien positiv bekloppt, sind meistens einfach nur negativ grenzdebil.«

Patrick Salmen meldet sich mit neuen humoristischen Kurzgeschichten und jeder Menge praktischer Tipps, skurriler Beobachtungen über den Alltag des modernen Stadtmenschen und absurd-witziger Dialoge zurück. Ob Chia-Samen, Bio-Kisten, Blechschilder mit pfiffigen Lebensweisheiten, überambitionierte Eltern auf dem Spielplatz oder auch das Horrorszenario Pärchen-Abend – die Lebensweise der urbanen Selbstoptimierer wird von Patrick Salmen in gewohnt sarkastischer und selbstironischer Art bestaunt und seziert.

»Denken Sie immer an Folgendes: Wenn man beim Wort ›Arbeit‹ zwei Buchstaben streicht und 16 neue hinzufügt, ergibt das den Begriff ›Selbstverwirklichung‹. Und das kann nun wirklich kein Zufall sein.«

KNAUR

Patrick Salmen

EKSTASE – IST DOCH AUCH MAL GANZ SCHÖN

Weil der Wahnsinn kein Ende nimmt: Freuen Sie sich auf unterhaltsame Kurzgeschichten, absurde Dialoge und spitzfindige Beobachtungen, wie man sie von Patrick Salmen gewohnt ist. Sogar für Selbstversuche war er sich nicht zu schade, um der Tragikomik unseres Alltags auf den bitterbösen Grund zu gehen. Nicht nur Achtsamkeit, Hygge, Digital Detox und Influencer bekommen so ihr Fett weg, dem Leser wird auch mit wertvollen Life Coachings geholfen – Indianer-Ehrenwort! Und ganz nebenbei nimmt Salmen auch noch das Autoren- und Eltern-Dasein unter die Lupe.

Wer staubtrockenen Humor liebt, wird an den Alltags-Diagnosen des Bühnenpoeten Patrick Salmen seine helle Freude haben. Für alle Fans des einstigen Slam-Poeten sind Patrick Salmens Kurzgeschichten das beste Mittel, um die Zeit bis zum nächsten Live-Auftritt ohne größere Schäden an der Lach-Muskulatur zu überstehen.

KNAUR